Hergen Sasse

Konflikte lösen

Blickwinkel
für pädagogische
Fachkräfte

Blickwinkel für pädagogische Fachkräfte
#Inspirationen#Atempausen#Impulse
#Perspektiven#Reflexion#Vielfalt

Konflikte lösen
Schwierige Situationen
im Kita-Alltag meistern

Hergen Sasse

Konflikte lösen

Schwierige Situationen im Kita-Alltag meistern

HERDER

FREIBURG · BASEL · WIEN

Download

Downloads unter
www.herder.de/extras

MIX
Paper | Supporting responsible forestry
FSC® C010798
www.fsc.org

Verlag Herder GmbH, Freiburg im Breisgau 2023
Hermann-Herder-Str. 4, 79104 Freiburg

www.herder.de
Bei Fragen zur Produktsicherheit wenden Sie
sich an produktsicherheit@herder.de

Umschlaggestaltung, Layout,
Satz & Gestaltung:
wunderlichundweigand
Schwäbisch Hall

Covermotiv: AlisaRut – Shutterstock;
© wunderlichundweigand

Illustrationen im Innenteil: AlisaRut, Helenshi, VOLYK IEVGENII,
Yana_P, mentalmind – Shutterstock
© wunderlichundweigand

Herstellung: Graspo CZ, Zlín
Printed in the Czech Republic

ISBN (Print) 978-3-451-39600-7
ISBN (PDF) 978-3-451-82900-0
ISBN (EPUB) 978-3-451-82901-7

Danke

An dieser Stelle möchte ich Kathrin Hohmann danken, die mich bestärkt hat, dieses Buch zu schreiben. Danke, Ralf Bongartz, für deine Erfahrungen und lebendigen Denkanstöße zum Umgang mit Konflikten und Krisen. Danke, Verena Ohn, für die gemeinsamen gedanklichen Ausflüge in die Gewaltfreie Kommunikation. Dank auch an Laura Nachreiner, Maik Baum, Rebekka Lindenberg, Tiana Hauf, Dirk Fiebelkorn, Dunja Golatta, Corinna Scherwath, Laura Henriette Grimm, Sarah Bauer, Anke Tapken-Gutjahr, Hannelore Gens, das Team vom SAM-Concept und die vielen Kolleg:innen der GPS Wilhelmshaven, dass ich von und mit euch lernen darf. Ein besonderer Dank geht an Gerd Peinemann-Zurheiden und Bithja Friedek.
Und zu guter Letzt möchte ich dir, liebe Leserin, lieber Leser, danken, dass du dich mit diesem wichtigen Thema auseinandersetzt, und für deine Bemühungen um ein friedlicheres Miteinander.

Inhalt

Einleitung

Konflikte begegnen uns im Kita-Alltag auf unterschiedlichen Ebenen – sowohl in der pädagogischen Arbeit mit den Kindern als auch im Kontakt mit Eltern und Kolleg:innen. Aggressionen und Konflikte können auf uns bedrohlich wirken, unser inneres Alarmsystem reagiert und bereitet unseren Körper auf den Kampf- oder Flucht-Modus vor (siehe Kapitel 2.1) . Blutdruck und Herzschlag steigen, und wir spüren deutlich körperliche Stressreaktionen. Doch wie können wir mit diesen angespannten Situationen konstruktiv umgehen, wenn Flucht und Kampf keine wirkungsvollen Optionen darstellen?

Und was ist eigentlich mit den Konflikten, die wie ein Schwelbrand über lange Zeit einfach nur glimmen? Auf den ersten Blick nicht dramatisch, doch breitet sich ein Schwelbrand langsam und kontinuierlich aus und entwickelt gesundheitsschädliche Gase. Der Konflikt wird gemieden und bleibt unausgesprochen. Das kostet uns täglich Energie und stellt eine dauerhafte psychische Belastung dar. Dabei ist der Kita-Alltag schon herausfordernd genug, sodass wir uns diese Langzeitkonflikte nicht erlauben können.

Wenn wir dann doch den Mut aufgebracht haben und Konflikte klären wollen, bleibt der Appell „sachlich zu bleiben" meist ungehört und zeigt vor allem in aufgeheizten und emotional getriebenen Auseinandersetzungen keine Wirkung. Hinzu kommt die Sorge, dass eine sowieso schon angeheizte Stimmung zur Eskalation führen könnte. Diese Sorge ist nicht unbegründet, aber in aller Regel dürfen wir uns entspannen, wenn wir über entsprechende Kompetenzen in der Konfliktbegleitung und Konfliktkommunikation verfügen, wozu dieses Buch beitragen wird.

Landläufige Meinungen, es müsse einfach einmal laut knallen, damit aus dem Scherbenhaufen etwas Neues entstehen kann, sind nicht hilfreich. Dieser Auffassung liegt zugrunde, dass etwas zu Bruch gehen muss, bevor etwas Neues entstehen kann. Zu Bruch geht in vielen Fällen jedoch die Beziehung, auf die es in der Konfliktbewältigung entscheidend ankommt.

Zudem führt diese Überzeugung unter Umständen zu der selbsterfüllenden Prophezeiung: Konflikte müssen schmerzhaft sein. Dabei beinhalten Konflikte viel Schönes (siehe Kapitel 1). Wir haben die Möglichkeit, uns neu kennenzulernen und unser Zusammenleben neu zu gestalten. Wir können Dinge erfahren, die bisher verborgen blieben.

KONFLIKTE SIND VOR ALLEM EINS: WACHSTUMSMOMENTE.

Jede gelungene Konfliktbewältigung ist ein erfolgreicher Moment, der uns stärkt, uns zusammenbringt und unsere Kompetenzen erweitert. Diese Erfolgsmomente erleben Kinder meiner Erfahrung nach ähnlich stärkend wie pädagogische Fachkräfte und Eltern.

Um Konflikte im Alltag konstruktiv und wirksam zu gestalten, dürfen wir uns von unserem Problemdenken verabschieden und dem Möglichkeitsdenken zuwenden. Dieses Buch bietet eine Vielzahl an konkreten Handlungsmöglichkeiten, die in angespannten Situationen helfen, Konflikte mit Kindern, Eltern oder Kolleg:innen emotional abzukühlen und konstruktiv zu klären. Es geht darum, das Trennende in unseren Gedanken und Worten aufzulösen und eine verbindende Sprache zu wählen. Nach dem Ansatz: „Nichts verändert sich, bis du dich veränderst, und auf einmal verändert sich alles." Ich möchte darauf hinweisen, dass es hier nicht um die Illusion ewiger Harmonie, sondern im Kern um mehr Wertschätzung sowie Respekt, Klarheit und Offenheit geht.

Ich habe mich in der Ansprache bewusst für ein respektvolles, wertschätzendes und kollegiales Du entschieden, um die Distanz zwischen Autor und Leser:in zu überbrücken. In meinen Trainings erlebe ich durch die gewählte Anrede mehr Verbundenheit und einen leichteren Zugang zu den Gefühlen und Bedürfnissen der Teilnehmenden. Ich wünsche mir, dass durch die gewählte Anrede eine Verbundenheit entstehen kann, welche die Auseinandersetzung mit eigenen Gefühlen und Bedürfnissen beim Lesen vereinfacht.

1

KONFLIKTE SIND KEINE AUSNAHME – WOZU SIND SIE GUT?

EIN LEBEN OHNE KONFLIKTE, DAS WÄRE SCHÖN. Kennst du diesen Gedanken? Doch heißt es auch, dass ein starkes Gewitter die Luft reinigt. Auf alle Fälle: Konflikte bieten immer die Chance, dass sich das gegenwärtige Miteinander neu gestaltet. Dieser Aspekt von Konflikten ist wirklich schön, weil der Prozess sehr kreativ sein kann. Weniger schön ist es, wenn im Konflikt verletzende Handlungen auftreten, die Auseinandersetzung persönlich oder gar handgreiflich wird. Um gewaltvolle Handlungen so gut es geht zu verhindern, dürfen wir uns unserer besonderen Macht und Verantwortung in jedem Konflikt bewusst werden. Die Art und Weise, wie wir denken, beeinflusst unsere Sprache und letztlich unser Verhalten in Konflikten, was wiederum dazu führt, dass wir neue Konflikterfahrungen sammeln, an denen im Idealfall alle Beteiligten wachsen werden.

1.1 Was ist genau unter einem Konflikt zu verstehen?

Diese Frage ist gar nicht so einfach zu beantworten. Hin und wieder werden Konflikte als Wachstumsmöglichkeiten und mitunter als etwas Positives beschrieben. Andere wiederum empfinden Konflikte als unangenehm und schwer. Wie wir einen Konflikt erleben, ist sehr unterschiedlich und hängt nicht zuletzt von unseren Konflikterfahrungen/unserer Konfliktkultur ab.

> Der Begriff Konflikt leitet sich von dem lateinischen Wort „conflictus" ab und bedeutet so viel wie Zusammenstoß. „Ein Konflikt ist gegeben, wenn Unterschiede im Denken, Fühlen und/oder Wollen zu einem Verhalten führen, das der andere als inakzeptable Beeinträchtigung erlebt und das der eine nicht oder nicht hinreichend zu ändern bereit ist, wenn er von dieser Beeinträchtigung erfährt" *(Schulz von Thun et al., S. 126).*

1.2 Welche Ursachen können Konflikte haben?

Vorweg: Es sind nicht unsere Bedürfnisse, die im Konflikt mit den Bedürfnissen anderer stehen. Es sind die Strategien, die wir zur Erfüllung unserer Bedürfnisse wählen, die im Konflikt mit den Bedürfnissen anderer stehen können. Ein Beispiel: Ich möchte mein Bedürfnis nach Bewegung und Austausch durch ein Telefonat bei gleichzeitiger Bewegung erfüllen. Doch befinde ich mich gerade in einer Bücherei, in der viele Menschen sitzen, die sich ihr Bedürfnis nach Ruhe und Konzentration erfüllen möchten. Meine gewählte Strategie – im Raum auf- und abgehen und dabei telefonieren – steht in diesem Moment im Konflikt mit den Bedürfnissen der anderen.

Es ist nicht das Ziel, die eigenen Bedürfnisse nun zu unterdrücken, damit die anderen Ruhe haben. Ziel in diesem Fall wäre es, eine Strategie zu finden, die sowohl Bewegung und Austausch für mich sowie Ruhe und Konzentration für die anderen ermöglicht.

Konfliktursache: Mangelnde Abstimmung

In der Gewaltfreien Kommunikation (siehe Kapitel 4) werden zwei Kernfragen beschrieben, durch die ein friedliches Zusammenleben möglich werden soll. Die erste Frage lautet: Was ist in uns lebendig? Die zweite Frage heißt: Was können wir tun, damit das Leben schöner wird? (vgl. Rosenberg 2006, S. 24).

Hier wird deutlich, dass ein Konflikt nicht in unserer Lebendigkeit, also in dem, was wir fühlen oder brauchen, liegt, sondern in der Art und Weise, wie wir uns verwirklichen. Trägt unser Verhalten dazu bei, dass unser aller Leben schöner wird? Wenn nicht oder wird sogar das Erleben eines anderen dadurch beeinträchtigt, dann entsteht mit hoher Wahrscheinlichkeit ein Konflikt. Die Herausforderung dabei: Wissen wir voneinander nicht, was in uns lebendig ist, ist es kaum möglich, das Leben miteinander bewusst schöner zu gestalten. Nur durch Zufall wäre das Miteinander dann schön oder konfliktreich. Es braucht also stetige Aufmerksamkeit und Abstimmung im Miteinander, und dabei reichen oft schon kurze Blicke, damit wir Verhaltensweisen wählen können, die für uns und unser Gegenüber „schön" sind.

Konfliktursache: Unsere Gedanken

Neben unseren Bedürfnissen beeinflussen auch unsere Gedanken unser Fühlen. Oft sind es die Geschichten, die wir uns erzählen, die zu einem Konflikt führen können. **„Die Prophezeiung eines Ereignisses führt zum Ereignis der Prophezeiung"** (Watzlawick 1994, S. 18).

„So genügt beispielsweise die Annahme – ob sie faktisch begründet oder grundlos ist, spielt keine Rolle –, dass die anderen über einen tuscheln und sich heimlich lustig machen. Angesichts dieser Tatsache legt es der gesunde Menschenverstand nahe, den Mitmenschen nicht zu trauen und, da das ganze natürlich unter einem löchrigen Schleier der Verheimlichung geschieht, genau aufzupassen und auch die kleinsten Indizien in Betracht zu ziehen. Es ist dann nur eine Frage der Zeit, bis man die anderen beim Tuscheln und heimlichen Lachen, beim verschwörerischen Augenzwinkern und gegenseitigen Zunicken ertappen kann. Die Prophezeiung hat sich erfüllt" (ebd., S. 17).

Konfliktursache: Unklare Kommunikation

Das Gesagte ist nicht immer identisch mit dem Gemeinten. Oft werden heikle Dinge als unterschwellige Botschaften gesendet. Außerdem ist das, was beim Empfänger ankommt, nicht zwangsläufig identisch mit dem, was der Sender gemeint hat (vgl. Schulz von Thun, et al. 2021, S. 116ff.).

Folgende Fragen können helfen, die eigene Kommunikation eindeutiger zu gestalten:

- Worum geht es mir sachlich?
- Worum geht es mir persönlich?
- Mit meinem Gesprächspartner?
- Was möchte ich erreichen?

  (vgl. ebd., S. 119)

Und was ist zu tun, wenn mein Gegenüber unklar kommuniziert? Benenne deine Irritation. Frage nach. Teile deinen Eindruck mit. Teile deine Beobachtung mit – auch ein Augenrollen ist Kommunikation und sollte benannt werden. Nach dem Motto: **Offenheit schafft Offenheit.** Auf diese Weise ist es möglich, die Eindeutigkeit zu erhöhen und zielführender zu kommunizieren. Unser Bauchgefühl ist meistens sehr gut darin, inkongruente Botschaften zu erkennen.

Konfliktursache: Beziehung

„Jede Kommunikation hat einen Inhalts- und einen Beziehungsaspekt, derart, dass letzterer den ersteren bestimmt" (Watzlawick, Beavin & Jackson 2017, S. 64). Eine gute Beziehung vereinfacht die Kommunikation auf inhaltlicher Ebene. Unerfüllte Bedürfnisse können dann leichter angesprochen werden Aus dem pädagogischen Alltag wissen wir um die Bedeutung der Beziehungsarbeit. **Eine gute Beziehung ermöglicht Leichtigkeit im Miteinander und vereinfacht die Klärung auf inhaltlicher Ebene.** Wir sind bereit, Dinge füreinander zu tun. Besteht jedoch ein Konflikt auf der Beziehungsebene, so sind inhaltliche Differenzen ebenfalls nicht mehr einfach zu klären. Ein inhaltlicher Konflikt kann auf der anderen Seite zu einem Beziehungskonflikt führen, wenn wir den Inhalt über alles setzen.

Eine der wichtigsten Beziehungsbotschaften lautet: **„Ich sehe dich und ich höre dich."** Damit ist gemeint, dass die Beweggründe und Bedürfnisse des Gegenübers erkannt und auch benannt werden. Dadurch erfüllt sich wie beiläufig eines der stärksten zwischenmenschlichen Bedürfnisse – das Bedürfnis, gesehen und gehört zu werden. Aus diesem Grund empfehle ich den Leitsatz: **Beziehung vor Inhalt.**

Konfliktursache: Mangelnde Transparenz

Wenn ich benenne, was mich antreibt, etwas zu tun, dann schaffe ich Klarheit und Transparenz. Wir alle fragen uns immer mal wieder: „Warum tut er/sie das?" Die Gedanken erschaffen dann Hypothesen, die so bunt und vielfältig sind, dass sie mit den eigentlichen Beweggründen oft wenig zu tun haben. Möchte ich Einfluss und Klarheit herstellen, dann ist es hilfreich, die eigenen Beweggründe transparent zu benennen. Tun wir das nicht, so werden die anderen Gründe für unser Verhalten (er)finden.

1.3 Wie entwickelt sich ein Konflikt?

Die Art und Weise, wie eine Unstimmigkeit oder Differenz angesprochen wird, ist für den Konfliktverlauf entscheidend: „Der Ton macht die Musik!" Im klassischen Beziehungskonflikt geht das Gegenüber in den Widerstand und zeigt keine Bereitschaft, das eigene Verhalten zu verändern. „Aus Prinzip" heißt es an dieser Stelle gerne. Hier geht es nicht primär um die Sache, sondern um die Art und Weise, wie wir miteinander in Kontakt sind. Es geht um fehlenden Respekt und Wertschätzung, ausbleibende Anerkennung oder fehlende Rücksichtnahme. Die Bedürfnisse in einem Beziehungskonflikt können vielfältig sein (siehe hierzu Kapitel 4.3).

Eine weitere Konfliktdynamik entsteht, wenn beeinträchtigendes Verhalten durch eine andere Person schmerzlich hingenommen wird, ohne den Versuch, die Differenzen zu klären. Diese Situation entwickelt sich zu einem inneren Konflikt (siehe Kapitel 1.4 und 2.4). **Diese inneren Konflikte entstehen unter anderem durch unser Denken, unsere Glaubenssätze und sind geprägt durch eigene Konflikterfahrungen und den Umgang mit unseren Gefühlen und Bedürfnissen.** Sie beeinflussen unsere Kommunikation nach außen unwillkürlich. Unser Denken und unsere Überzeugungen spiegeln sich in unserem Handeln wider.

Unterschwellige Botschaften, die sich ihren Weg nach draußen suchen, beeinflussen unsere Kommunikation. Soziale Spiegelgesten im Miteinander nehmen im Konfliktverlauf ab oder bleiben aus, der Kontakt wird kälter, und hinter den Aussagen des Gegenübers werden negative Absichten vermutet. In der zwischenmenschlichen Kommunikation führt all das zu Irritationen und Verletzungen. Die Begegnungen miteinander werden zunehmend schwieriger und angespannter. Eine zunächst auf inhaltlicher Ebene bestehende Differenz oder Unstimmigkeit wird in diesem Stadium auf der Beziehungsebene ausgetragen. Auf einmal wird alles infrage gestellt, und das Misstrauen wächst.

Diese Konfliktdynamik macht deutlich: **Was wir in jedem Fall vermeiden sollten, ist die Vermeidung selbst.** Sie gilt als eine der schlechtesten Optionen, weil die Vermeidung nach außen einem Kampf nach innen gleicht. Zudem zieht dieser innere Kampf viel Energie. Nichts scheint mehr sicher. Und dieser Zustand macht auf Dauer krank.

1.4 Innere und äußere Konflikte – wo ist der Unterschied?

Der **innere Konflikt** entsteht, wenn wir eine Situation oder ein Verhalten im Außen als einschränkend erleben und die Konfrontation/Klärung mit der verursachenden Person vermeiden. Stattdessen machen wir diesen Umstand mit uns selbst aus: Wir fressen etwas sprichwörtlich in uns hinein. Auf dieser Stufe finden wir keinen wirkungsvollen Umgang mit der Situation im Außen. Diese Form der Vermeidung führt zu einer Selbstbeeinträchtigung – dem „inneren Konflikt". Wie du mit inneren Konflikten umgehen kannst, erfährst du im folgenden Kapitel.

Ein Konflikt bzw. ein **äußerer Konflikt** besteht noch nicht, wenn ein Verhalten als inakzeptable Beeinträchtigung erlebt wird, sondern erst in dem Moment, wenn unser Gegenüber mit dieser Tatsache konfrontiert wird und nicht oder nicht ausreichend bereit ist, das eigene Verhalten zu verändern. Die Art und Weise, wie wir unser Gegenüber mit einer Tatsache konfrontieren, hat entscheidenden Einfluss darauf, ob der andere bereit ist, das eigene Verhalten zu verändern.

2

Gelassen im Konflikt – geht das überhaupt?

STRESS ÜBERTRÄGT SICH. RUHE EBENSO. Vielleicht kennst du die Aussage: Wer schreit, hat schon verloren. Schreien ist in den meisten Fällen ein Signal eigener Überforderung und Ohnmacht. In einem Konflikt brauchen wir jedoch das Gegenteil: einen klaren und kühlen Kopf, um uns aus der verfahrenen Situation befreien zu können. Zur inneren Ruhe zu finden ist eine unserer wichtigsten Aufgaben, um bedacht und beruhigend agieren zu können.

2.1 Einblicke in die Funktion unseres Gehirns bei Stress

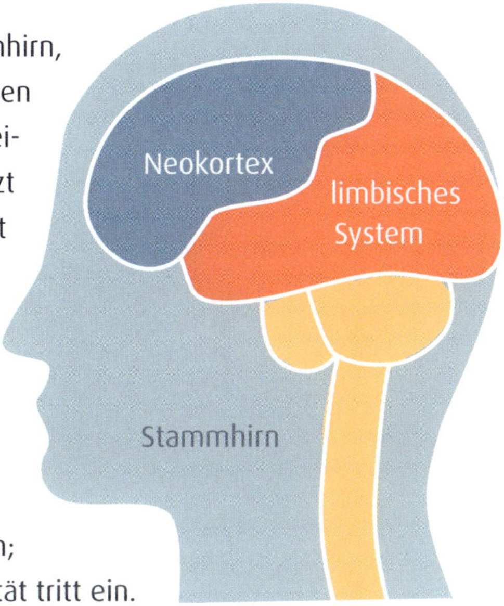

Das emotionale Gehirn und das Stammhirn, die älteste Region unseres Gehirns, lassen sich vereinfacht mit einem Reh vergleichen. Sobald das Reh Gefahr wittert, spitzt es die Ohren, wird schreckhaft und tritt impulsartig die Flucht an. Oder, wenn es ein Rehbock ist, senkt er das Geweih zum Kampf mit seinen Artgenossen. Hier gibt es noch eine Steigerung: die (Lebens-)Gefahr. Das Reh springt in der Nacht auf die Straße, erblickt die Autoscheinwerfer und bleibt regungslos stehen; die sogenannte Erstarrung oder Immobilität tritt ein.

In unserem Gehirn reagieren die beiden Mandelkerne (Amygdale) auf Bedrohung ähnlich wie das beschriebene Reh – nämlich sofort. Die Amygdale sind unsere Alarmanlage, mit Sitz im emotionalen Gehirn, und nehmen grundsätzlich keine ausgiebige Analyse der Situation auf kognitiver Ebene vor. Vielmehr reagiert die Amygdala sehr schnell auf bestimmte Umgebungsmerkmale, akustische Reize oder auch gestische und mimische Informationen. Porges (2021) nennt diesen Prozess „Neurozeption" (ebd., S. 104f.). Entscheidet die Amygdala, eine Gefahr erkannt zu haben, wird unser Körper umgehend in Alarmbereitschaft versetzt. Die körpereigenen Kampf- oder Flucht-Hormone werden aktiviert und unser „denkendes Gehirn" dabei übergangen. So ist sichergestellt, dass wir schnellstmöglich reagieren, ohne wertvolle Zeit zu verlieren.

Der Fluchtmodus in Gesprächssituationen kann sich unter anderem durch Vermeidung, Verleugnung, Rechtfertigungen und bewusstes Lügen ausdrücken. Zumeist treten auch körperlich sichtbare Stressreaktionen (Schwitzen, Herzrasen, ausweichende Blicke, Errötung etc.) auf.

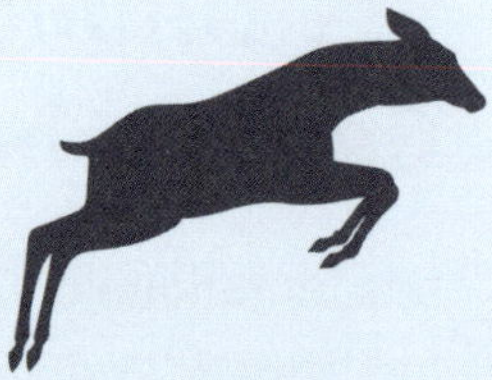

Der Kampfmodus innerhalb eines Gesprächs zeigt sich unter anderem durch Vorwürfe, Anschuldigungen und Beleidigungen. Die körperlichen Reaktionen sind dem Fluchtmodus ähnlich. Oft lässt sich auch der sogenannte „starre Blick" beobachten, der Wut zum Ausdruck bringt.

Die Erstarrung tritt ein, wenn die Situation so bedrohlich ist, dass Kampf und Flucht keine Möglichkeit darstellen. Dieser Zustand wird durch die älteste Gehirnregion, Stammhirn oder auch Reptiliengehirn genannt, ausgelöst. Die Erstarrung sorgt dafür, dass der gesamte Körper wie gelähmt ist. Diese Regungslosigkeit hat früher dafür gesorgt, dass wir für Fressfeinde nicht so gut zu erkennen waren.

Hat die Amygdala also eine Bedrohung oder Gefahr gewittert, so läuft automatisch unser Notfallprogramm ab. Erst im Nachhinein kann unser denkendes Gehirn sich die Zeit nehmen, um die Situation zu reflektieren und zu verarbeiten. Wir erzählen von dem Ereignis und entwickeln Erklärungen für das Erlebte. Dieser Verarbeitungsprozess nach Stresssituation oder Extremereignissen ist erforderlich, um zukünftig in ähnlichen Situationen nicht automatisch in das Notfallprogramm – kognitiv betrachtet, in eine Ohnmacht oder Überforderung – zu verfallen, sondern neue Handlungsmöglichkeiten zu entwickeln (vgl. Hantke & Görges 2019, S. 30f.). Deshalb ist auch das Verhalten nach Übergriffen (siehe Kapitel 6.8) in seiner Wichtigkeit nicht hoch genug einzuschätzen.

REFLEXION

Folgende Fragen können helfen, die eigene Reaktion auf eine konfliktträchtige Situation besser zu verstehen:

- ? An welcher Reaktion deines Körpers merkst du, dass du dich gerade bedroht fühlst und dein Körper in Alarmbereitschaft versetzt ist?
- ? Erinnerst du eine Gesprächssituation, in der du diese Reaktion gespürt hast?
- ? Hast du es geschafft, trotzdem ruhig zu bleiben?
  Wenn ja, wie ist dir das gelungen?

Eine Sicherheit gebende Umgebung und Kommunikation sind die Grundvoraussetzung für konstruktive und kreative Konfliktlösungsgespräche. Auf Seite 110f. findest du Anregungen und eine Checkliste, um eine sichere Atmosphäre in Gesprächen zu schaffen.

Wenn wir angespannt auf unser Gegenüber treffen, zum Beispiel in einem Elterngespräch oder im Kontakt mit Kindern, hat sich folgende Weisheit in der Praxis bewährt: **Stress überträgt sich. Ruhe ebenfalls.** Stress bedeutet immer auch körperliche Anspannung; der Herzschlag wird schneller, wir verhalten uns hektischer, unsere Mimik wirkt angespannt etc. Als junger Vater habe ich diese Reaktion selbst einmal sehr deutlich gespürt:

Fast immer, wenn ich versuchte, meinen Sohn als Baby zu beruhigen, spürte ich diesen Stress. Ich hatte hohe Erwartungen an mich und wollte mein Kind unbedingt in einen Zustand der Ruhe bringen. Gleichzeitig hatte ich Angst davor, zu scheitern. Dieser Erwartungsdruck ließ meinen Stresspegel kontinuierlich ansteigen, je länger mein Sohn weinte. Wir befanden uns in einer Abwärtsspirale, aus der uns nur noch „Mama" retten konnte. Dieser Moment, den ich damals als Scheitern bewertete, führte zu weiteren unangenehmen Gefühlen und verstärkte meine Anspannung.
Mir wurde langsam bewusst, dass ich niemals beruhigend wirken würde, wenn mein Anspruch an mich zu Anspannung und Stress führte. Also sagte ich mir innerlich: Es dauert so lange, wie es dauert. Ich bin einfach da, atme bewusst ein und aus, sage immer wieder mit ruhiger Stimme: „Alles ist gut. Ich bin ja da." Diese Veränderung meines Denkens und Verhaltens beruhigte mich selbst so sehr, dass ich spürte, wie mein Herzschlag konstant blieb und ich die Situation annehmen konnte. Auf einmal ließ sich auch mein kleiner Sohn von mir beruhigen.
Heute erkläre ich mir das, was damals passierte, folgendermaßen: Da ich meinen Sohn damals zur Beruhigung auf den Arm nahm und er seinen Kopf an meine Brust drückte, wird er mein rasendes Herz wahrgenommen und alles andere als einen sicherheitsgebenden Papa gespürt haben. Meine Unsicherheit und Anspannung haben sich übertragen.
Erst das Loslassen meiner Erwartungen und die Absichtslosigkeit in mir öffneten einen Raum, in dem alles sein durfte. Ein beruhigender Raum. Für mich liegt in dieser körperlichen Ruhe und geistigen Absichtslosigkeit ein Schlüssel, um angespannten Situationen zu begegnen. Ich wende mich nicht gegen mein Gegenüber und versuche, eigene Ziele durchzudrücken, sondern ich bin da, atme durch, und ich höre dich. Wenn ich mich heute in angespannten Situationen befinde, dann hilft mir dieser Moment von damals als gedankliches Rettungsboot. Ich weiß um die Wirkung und kann vertrauen. Und das beruhigt mich.

2.2 Umgang mit stressigen Situationen

Unser Organismus teilt die einwirkenden Reize von außen in nützlich und angenehm oder unangenehm, bedrohlich oder überfordernd ein. Auch Reize, die einst nützlich und angenehm waren, können in bestimmten Situation als unangenehm empfunden werden, zum Beispiel dann, wenn uns die Bewältigungsstrategien fehlen. Ob wir Reize als unangenehm und somit als Belastung erleben, hängt von unseren Erfahrungen, Bewältigungsstrategien und unserem Denken ab und ist somit sehr individuell. Die folgende Einstufung kann dir helfen, dein durchschnittliches Stresslevel zu erkennen:

Anzeichen für Unterforderung

- Du fühlt dich häufig unwohl
- Du bist gelangweilt und wenig motiviert
- Die Leistung ist wenig befriedigend
- Leichtsinnsfehler treten auf
- Man läuft „untertourig"

Im Bereich der mittleren Stressdosis

- machen Arbeit und Freizeit Spaß
- wird Stress als Herausforderung bewertet
- fühlst du dich voller Energie
- zeigen sich gute Arbeitsergebnisse

Anzeichen für Überforderung

- Du zeigst zunehmend Stressreaktionen
- Das Verhalten ist planlos oder resigniert
- Die Leistung wird immer schlechter
- Fehler häufen sich
- Die Krankheitsanfälligkeit steigt

(Techniker Krankenkasse 2013, S. 12)

Wichtig an dieser Stelle: **Dauerhaft hoher Personalmangel kann und sollte nicht einfach durch „noch mehr Resilienz" kompensiert werden,** zumal ich das auch nicht für möglich halte. Es geht hier vielmehr darum – sofern die Rahmenbedingungen weitgehend stimmig sind –, das persönliche Stresserleben langfristig positiv zu beeinflussen.

Energiefresser ausfindig machen – Die Energiefass-Methode

Diese Methode kann helfen, wieder in Balance zu kommen, sich des eigenen Energielevels bewusst zu werden und aktiv Einfluss darauf zu nehmen. Ziel ist es, Energiefresser zu erkennen, zu reduzieren und Energiegeber zu finden. Letztlich hilft diese Methode dabei, einen Ausgleich zwischen belastenden und entlastenden Aktivitäten zu schaffen und so ein „gefülltes Energiefass" zu ermöglichen (vgl. hierzu auch Wedewardt & Cantzler 2022b, S. 51).

ÜBUNG

Schritt 1: Male ein großes U auf ein Blatt. Dieses U ist dein persönliches Energiefass. Oben ist das Fass offen und unten ist ein kleiner Hahn eingezeichnet, aus dem die Energie abfließt. Überlege dir: Wie gefüllt ist dein Energiefass jetzt in diesem Moment? Dabei wären 100 Prozent die volle Lebens- und Schaffensenergie. Trage deinen jetzigen Energiestand auf dem Fass ein.

Schritt 2: Überlege dir, welche Aufgaben täglich viel Energie ziehen. Diese Energien fließen unten aus dem Hahn heraus. Jeder Energiefresser bekommt einen abgehenden Pfeil, der mit einem entsprechenden Stichwort beschriftet wird.

Schritt 3: Was gibt dir im Alltag Energie? Was sind deine Kraftquellen? Für jeden Energiegeber zeichnest du jeweils einen Pfeil von oben in das Energiefass hinein und beschriftest ihn ebenfalls stichpunktartig.

Schritt 4: Überlege, welche Energiefresser mit wenig Aufwand verändert werden können:

- Sind es Aufgaben, die vielleicht keine Relevanz mehr haben und aus der Vergangenheit übernommen wurden, nach dem Motto „Das haben wir schon immer so gemacht"?
- Übrigens: Auch die morgendliche halbe Stunde auf Instagram und Facebook ist eine Routine, die Energie fressen kann. Hast du solche Energiefresser finden können? Dann kannst du sie streichen.
- Gibt es Aufgaben im Alltag, die abgegeben werden können? Aufgaben, die im Team getauscht werden können, also eine Umverteilung der Aufgaben nach Interessen, Stärken und Ressourcen? Wie könnten die restlichen Energiefresser etwas kleiner werden?
- Dabei gilt: Kleine Schritte statt große Sprünge! Was wäre ein kleinstmöglicher Schritt?

Schritt 5: Im Idealfall hast du nun mehr Zeit. Wie kannst du im Alltag dafür sorgen, dass du Energiegeber nachhaltig integrierst? Gibt es ein Ritual, mit dem du regelmäßig für Energie sorgst? Die meisten von uns haben Handyauflade-Rituale integriert, zum Beispiel morgens nach dem Aufstehen oder abends nach dem Abendessen wird der Akku geladen. Diese Rituale lassen sich auch auf deinen Akku bzw. dein Energiefass übertragen. Denn ohne diese Rituale ist das Fass (bzw. der Akku) bald leer.

Die To-Be-Liste

Zu jeder To-Do-Liste gehört immer auch eine To-Be-Liste! Die To-Be-Liste ist eine weitere einfache Möglichkeit, um immer wieder schöne Momente zu schaffen. Sie stellt in gewisser Weise eine regelmäßige Verabredung zwischen dir und deinem Selbst dar. Fülle die folgende Liste aus und hänge sie an einen Ort, an dem du sie täglich sehen kannst.

Meine To-Be-Liste

Das tut mir gut	Das ist ein guter Zeitpunkt

Der fehlerfreundliche Blick

Vor einiger Zeit fragte ich eine Kita-Leitung, wie sie bei den ganzen Herausforderungen und Belastungen im Kita-Alltag so entspannt bleiben könne. Sie antwortete, dass sie sich jeden Tag drei Fehler zugestehe und somit vor Fehlern keine Angst mehr habe. Diese Einstellung habe sie entspannt.

Ein offener Umgang mit Fehlern kann grundsätzlich Stress im Alltag reduzieren und das ganze Team stärken. So können zum Bespiel die „schönsten Fehler" im Rahmen einer Dienstbesprechung gesammelt und reflektiert werden. Die Entwicklung von nachhaltigen Lösungen sollte ebenfalls Teil dieses Rituals sein.

Der möglichen Befürchtung, dass Menschen nun bewusst mehr Fehler machen würden, möchte ich das Argument entgegensetzen, dass nur bekannte Fehler vermieden werden können. Fehler, die aus Scham verschwiegen werden, werden nicht weniger häufig gemacht, sondern einfach nur nicht benannt. Der fehlerfreundliche Blick soll die Angst vor Fehlern und dem damit verbundenen Stress nehmen. Gleichzeitig sorgt er perspektivisch dafür, dass weniger Fehler gemacht werden.

Der magische Zettel

Zu Beginn meiner pädagogischen Tätigkeit merkte ich schnell, dass die vielen Tür-und-Angel-Gespräche, Absprachen und Ideen mich gedanklich überforderten. Ich wollte meine Aufmerksamkeit auf die Kinder richten, doch dabei kreisten tausende Gedanken in meinem Kopf, an denen ich festhalten wollte, um sie nicht zu vergessen.
Ich entschied mich damals dazu, alle eingehenden Aufgaben, Gedanken und Ideen auf einen Zettel zu schreiben und dann umgehend wieder aus meinem Kopf zu löschen. Die Aufgaben, die bis zu einer bestimmten Uhrzeit, die täglich gleich war, warten konnten, landeten auf dieser Liste. Alles andere wurde sofort erledigt oder delegiert.
Mit diesem Vorgehen konnte ich alle eingehenden To-Dos auf ein To-Do reduzieren, nämlich die Kontrolle der Liste zu einer bestimmten Tageszeit. Dieses Vorgehen war unglaublich erleichternd und steigerte meine Aufmerksamkeit. Ich war wieder im Hier und Jetzt.

Nein sagen

Ein Ja wirkt offen, freundlich und geht leicht über die Lippen. Ein Nein hingegen wirkt oppositionell, unangenehm und anstrengend. Kommt dir das bekannt vor? Manchmal haben wir in der Vergangenheit erlebt, dass unser Nein übergangen, nicht gehört wurde und wir einfach mitmachen mussten. Egal, ob wir wollten oder nicht. Erinnerst du dich an Situationen aus der Kindheit, in dem dein Nein übergangen, ignoriert oder einfach nicht gehört wurde?

Beispielsätze aus der Kindheit könnten sein:
Nein, ich will noch nicht essen. Ich möchte noch spielen.
Nein, ich will nicht zum Gitarrenunterricht.
Nein, ich will nicht in den Kindergarten/in die Schule.
Nein, ich will nicht mit meinem Cousin spielen.
Nein, ich will nicht mit zum Einkaufen.

Mögliche Antwort:
Doch, du musst!

Wichtig an dieser Stelle: Ein Nein ist immer auch ein Ja zu den eigenen Bedürfnissen. Insofern ist ein Nein genau wie das Ja offen, freundlich und vor allem ehrlich. Wohingegen ein Ja, das ein unterdrücktes Nein beinhaltet, oppositionell, unangenehm und anstrengend nach innen sein kann.

Hier stellt sich die Frage: Möchte ich anderen Menschen auf Augenhöhe begegnen? Wenn du diese Frage mit einem Ja beantwortest, dann bedeutet das, dass wir uns selbst genauso ernst und wichtig nehmen sollten wie unser Gegenüber. Sich auf Augenhöhe zu begegnen heißt nicht unbedingt, nett und freundlich, sondern vielmehr ehrlich und respektvoll zu sein.

Für die Entscheidung, ob ich Ja oder Nein sage – und was ich eigentlich wirklich will, eignen sich folgende Fragen:

- Ist mein Ja/Nein ehrlich gemeint?
- Nehme ich dabei Rücksicht auf meine und deine Bedürfnisse?

Der folgende Dialog macht deutlich, dass ein „Nein" keinen Gesprächsabbruch darstellen muss, sondern einen empathischen und rücksichtsvollen Kontakt ermöglicht:

Person A: „Würdest du bitte heute in Gruppe 2 vertreten? Wir haben einen personellen Engpass."

Person B: „Nein, heute geht das leider nicht (Ehrlichkeit). Ich sehe den personellen Engpass und dass du Unterstützung brauchst (Rücksichtnahme). Ich hätte eine weitere Idee, magst du sie hören?"

Ich kann mit einem Nein im Dialog bleiben, bis sich die Bedürfnisse auf beiden Seiten soweit erfüllt haben, dass eine Einigung gefunden werden konnte. Ein Nein ist Stressprävention, schafft Augenhöhe, fördert Ehrlichkeit und Respekt.

Zeitlupe

„Gib dir jeden Tag eine Stunde Zeit zur Stille. Außer wenn du viel zu tun hast. Dann gib dir zwei" (Franz von Sales). Aus dieser Aussage lässt sich folgende Achtsamkeitsübung ableiten:

ÜBUNG

Nimm dir eine Alltagshandlung vor, wenn du merkst, dass es gerade hektisch in dir wird. Führe diese Handlung nun halb so schnell wie sonst aus – zum Beispiel das Zähneputzen, Schuhe-Anziehen oder Kaffeekochen. Wir neigen dazu, unter Druck noch schneller zu handeln und verlieren das Gefühl für den Moment. Wenn du schon einmal eine Mahlzeit „auf die Schnelle im Vorbeigehen" zu dir genommen und dabei telefoniert hast, dann wirst du eventuell nicht einmal den Geschmack der

Speise bewusst wahrgenommen haben. Umgekehrt führt die „Zeitlupe" dazu, dass du den Moment deutlich bewusster wahrnehmen kannst. Du nimmst die Reize viel deutlicher und intensiver wahr. Wann hast du zum Beispiel das letzte Mal bewusst das Lenkrad deines Autos gefühlt? Oder den Griff deines Fahrrads? All diese Erfahrungen gehen in unserem schnellen und hektischen Alltag unter. Auch an dieser Stelle gilt: Achtsamkeit mit uns selbst ermöglicht Achtsamkeit mit anderen.

Anspannung – Entspannung

Den eigenen Körper zu spüren hilft, in den aktuellen Moment zurückzufinden und die eigenen körperlichen Grenzen wieder wahrzunehmen. Dafür eignen sich viele sportliche oder körperliche Aktivitäten. Eine einfache Möglichkeit ist das Sitzen an der Wand ohne Stuhl.

ÜBUNG

Stelle dich mit dem Rücken an die Wand und gehe so weit herunter, bis deine Oberschenkel im 90°-Winkel zur Wand positioniert sind. Du sitzt nun auf einem imaginären Stuhl. Halte diese Position für 30 oder 40 Sekunden. Dann stehe auf, lockre deine Beine und wiederhole diese Übung. Den eigenen Körper wieder zu spüren, die eigene Atmung, den Puls, den Schweiß, all das sind Reaktionen, die in diesem Moment ablaufen und wieder wahrnehmbar werden. Gleichzeitig tritt nach dieser Übung eine wohltuende Entspannung ein. Auf diese Weise können wir angestauten Stress über körperliche Aktivität loswerden und aktiv für Entspannung sorgen. Viel Spaß damit!

Work-Life-Balance?

Dieser Begriff suggeriert, dass Arbeit und Leben getrennt voneinander stattfinden können. Dabei ist Arbeitszeit in jedem Moment Lebenszeit. Die Arbeit und das Leben voneinander zu trennen wäre so, als würden wir unser Selbst mit Arbeitsbeginn ausschalten und erst nach getaner Arbeit wieder einschalten.

Die Ausrichtung der eigenen Aufmerksamkeit auf das Selbst und ein erfülltes Leben ist nachweislich gesundheitsförderlich. Dabei geht es nicht um das sogenannte „positive Denken", sondern um die tiefere Zuwendung zum Selbst, zu den eigenen Gedanken, Gefühlen, Kraftquellen und Wünschen (Bauer 2018, S. 156ff.).

Nach meiner Erfahrung aus der Konfliktbegleitung pädagogischer Teams zeigen sich Konflikte auf drei Ebenen und sollten nicht losgelöst voneinander, sondern in ihrer Gesamtheit betrachtet werden:

1. Ebene „Das Selbst"

Der Umgang mit eigenem Stress und den eigenen Wünschen, das eigene Denken, Aspekte der Lebensgestaltung, Konflikte in der Partnerschaft/Familie/Freundschaft

2. Ebene „Das Team"

Der Umgang und die Kommunikation miteinander, die Art, Konflikte im Team anzunehmen und zu klären

3. Ebene „Die Arbeit"

Der Umgang mit sich selbst und innerhalb eines Teams spiegelt sich in der Umsetzung alltäglicher pädagogischer Herausforderungen wider.

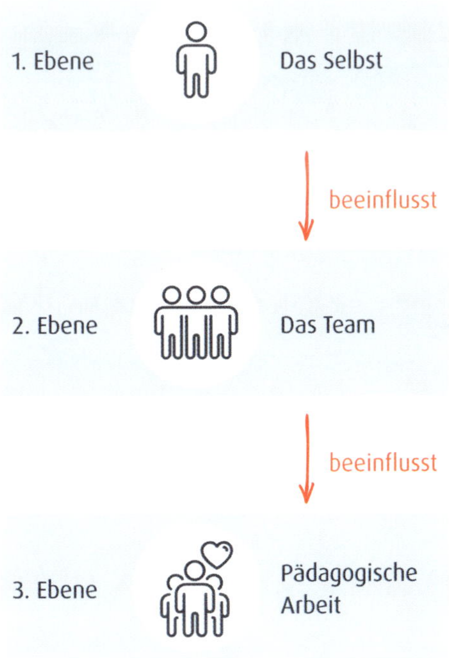

Eine Beratung, die sich lediglich pädagogischen Fragestellungen zuwendet, lässt meiner Ansicht nach die großen Einflussfaktoren „Das Selbst" und „Das Team" außer Acht.

„Ich komme zur Arbeit, mache einfach meinen Job und dann gehe ich wieder. Wir müssen hier keine Freunde werden" – diese Aussage ist nicht selten. Doch ist es, als würde man sich der Herausforderung stellen, ein Haus zu bauen, und weder dem Fundament (dem Selbst) noch dem Material (dem Team) sorgsam zuwenden, sondern einfach loslegen. Dieses Haus wird mit größter Wahrscheinlichkeit instabil und seine Existenz nicht von langer Dauer sein. Es wird unter Umständen nach kurzer Zeit in sich zusammenfallen.

Es braucht Achtsamkeit mit uns, damit wir mit anderen achtsam sein können. Auch und vor allem während der Arbeitszeit. Der achtsame Umgang mit sich selbst sollte genauso Teil der Arbeitsleistung sein wie der achtsame Umgang mit den Kindern. Das eine geht nicht ohne das andere. Wenn wir etwas leisten wollen, dann müssen wir auch atmen.

Elterngespräche, die für 14.30 Uhr angesetzt sind, beginnen nicht mit dem Sprint um 14.29 Uhr aus der Gruppe, um pünktlich mit den Eltern im Gesprächsraum einzutreffen. Ich habe es selbst viele Jahre auf diese Weise versucht. Teil eines Elterngesprächs sollte es sein, dass die Fachkraft sich mindestens fünf Minuten Zeit ganz für sich alleine nimmt, zur Ruhe kommen kann, um dann ihre volle Aufmerksamkeit auf das bevorstehende Gespräch lenken zu können. Und diese fünf oder zehn Minuten sind keine Pausenzeit, sondern professionelle Vorbereitung unseres Selbst, unserer Aufmerksamkeit auf ein wichtiges Gespräch. Wenn diese fünf Minuten im Alltag nicht drin sind, dann empfehle ich, das Gespräch fünf bis zehn Minuten kürzer anzusetzen, damit ein Zur-Ruhe-Kommen und Fokussieren möglich wird. Das Gespräch ist dann zwar zeitlich kürzer, aber trotzdem gewinnbringender und nachhaltiger als ein gehetztes Treffen.

2.3 Ruhe bewahren: Techniken zur Selbstregulation

Stressauslösende Situationen lassen sich mit einem Schiff auf stürmischer See vergleichen. Die stressauslösende Situation steht hierbei für die hohen Wellen. Sie schütteln uns durch, und es scheint manchmal, als würden wir die Kontrolle verlieren. Es ist notwendig, auf den starken Wellengang zu reagieren und unser Schiff entsprechend auszurichten, damit wir gut durch den Sturm kommen. Andernfalls könnte uns eine große Welle seitlich erfassen und „umhauen". Das Segel, mit dem wir unser Fahrtroute ausrichten, steht für unsere Strategien zur situativen Stressbewältigung, sozusagen für die kurzfristigen Erleichterungen. Wir haben die Möglichkeit, auf eingehende Reize (Wellen) zu reagieren und die Fahrtroute so auszurichten, dass wir gut durch die Wellen hindurchfahren und nicht kentern.

Um das Bild zu vervollständigen: Auch die Schiffsschale hat eine elementare Bedeutung. Von großen Schiffen wissen wir, dass eine ungleiche Beladung bei Sturm dazu führen kann, dass die Schiffsschale durch die extremen Belastungen Risse entwickeln und auf Dauer sogar durchbrechen kann. Deshalb ist es wichtig, die Schiffsschale im Gleichgewicht zu halten, also gleichmäßig zu beladen. Die Schiffsschale steht hier für langfristige Veränderungen (siehe Kapitel 3). Neben den kurzfristigen Erleichterungen ist es notwendig, darauf zu achten, mit welcher Last wir uns täglich beladen. Wichtig ist, dass wir zu unseren Anstrengungen und Anspannungen im Leben immer auch einen Ausgleich schaffen. Anspannung und Anstrengungen auf der einen Seite und die ausgleichenden Momente auf der anderen Seite führen zu einer gleichmäßigen Beladung unserer Schiffsschale. Hier ein paar „Segel-Techniken":

Kurzfristige Erleichterungen bieten sich vor allem für unvorhergesehene Probleme bzw. Konflikte an und regulieren die eigene Stressreaktion auf kognitiver und/oder körperlicher Ebene.

Langfristige Veränderungen im Umgang mit Stress beziehen sich auf vorhersehbare Probleme und Konflikte. In der Kita-Praxis eignen sich zur Lösung wiederkehrender Probleme unter anderem Fallbesprechungen, Reflexionsrunden, Teamsitzungen, videobasierte Beratung, Fachberatung, Supervisionen, Fortbildungen. All diese Maßnahmen können der Gesunderhaltung der Mitarbeitenden dienen und sind somit wichtig für jedes Kita-Team. Der Umgang mit beruflich bedingtem Stress kann und sollte als Teil des Arbeitsschutzes anerkannt und umgesetzt werden.

Die „WO-Technik"

ÜBUNG

Bleibe kurz stehen. Verschaffe dir innerhalb von zwei bis drei Sekunden einen Überblick und werde erst dann aktiv. Diese Verzögerung kann vor einer impulshaften Überreaktion schützen. Die folgenden Fragen werden dabei spontan beantwortet:

WO – ist mein Gegenüber im Raum?
WO – ist die Gefahr?
WO – befinde ich mich im Raum?
WO – ist meine Körpermitte? Fühle ich sie?

Und jetzt (erst) gehst du in die Situation.

Boden unter den Füßen

In stressigen Situationen haben wir manchmal das Gefühl, „den Boden unter den Füßen zu verlieren". Sich des Bodens unter den Füßen wieder gewiss zu werden ist eine gute Möglichkeit, um Halt zu finden. Am einfachsten gelingt diese Technik im Stehen.

ÜBUNG

Stelle dich stabil, die Füße hüftbreit hin und spüre dabei die Verbindung deiner Füße mit dem Boden. Während du das tust, legst du deine Hände auf den unteren Bauch und versuchst, dort hineinzuatmen. Atme dabei ganz bewusst ein, entspanne deinen Bauch und fühle, wie sich deine Bauchdecke leicht anhebt, wenn du einatmest, und absenkt, wenn du ausatmest.

Lenke deine Achtsamkeit abwechselnd auf den Kontakt deiner Füße mit dem Boden und auf deine Bauchatmung. Diese Übung kannst du mehrfach wiederholen, bis du innerlich zur Ruhe und in deiner Mitte angekommen bist.

Übrigens: Der beruhigende Effekt kann sehr schnell eintreten und auch in angespannten Tür-und-Angelgesprächen zur Selbstregulation genutzt werden oder am Abend beim Zähneputzen, um für einen Moment den Alltagsstress bewusst abzulegen.

Hier eine kleine Übung für die nächste Teamsitzung: Stellt euch zu zweit voreinander hin, etwa drei Meter voneinander entfernt.

Person A wütet nun über „einen Gegenstand" und steigert sich dabei so richtig hinein; auf einer Skala von 1–10 (wobei 10 totale Eskalation bedeuten würde) befindet sich Person A auf einer 7–8. Dabei bewegt Person A sich langsam auf Person B zu. Einen Meter vor Person B bleibt sie stehen und wütet weiter.

Die Situation dauert etwa 20 Sekunden. Folgende Sätze können durchaus fallen (dabei beziehen sich bitte alle Worte auf einen Gegenstand und nicht auf die Person!): „Objekt XY ist scheiße! Ich hasse XY! XY macht dumm! XY ist ein Teufelszeug und macht krank!" etc.
Person B empfindet nun vermutlich leichten Stress und greift auf die beschriebene „Boden unter den Füßen"-Technik zurück, um sich zu regulieren. Lachen ist freilich erlaubt! Das beruhigt ja auch. Für einen optimalen Lerneffekt ist es jedoch gut, wenn Person A während dieser Übung ernst bleibt.

Die 2-4-Atemtechnik

Die bewusste Atmung führt nachweislich zur Beruhigung unseres vegetativen Nervensystems. Das vegetative Nervensystem ist für die unbewusst ablaufenden Körperprozesse verantwortlich, wie zum Beispiel Atemtiefe und Atemfrequenz, Herzschlag, Blutdruck sowie Magen- und Darmmotorik. Über all diese Körperfunktionen hat unser Bewusstsein nur sehr wenig Kontrolle, weshalb dieser Bereich auch „autonomes Nervensystem" genannt wird (vgl. Müller 2004, S. 203). Es reagiert bei Stress und Bedrohung und lässt sich etwa durch bewusste Atemtechniken beruhigen.

ÜBUNG

Bei der 2-4-Atemtechnik atmest du für zwei Sekunden ein und vier Sekunden lang aus. Diesen Vorgang wiederholst du einige Male. Am besten wendest du diese Technik an, wenn du vorher in Hektik warst oder eine angespannte Situation durchlebt hast. So kannst du den Unterschied zwischen Anspannung und Entspannung deutlicher wahrnehmen, so zum Beispiel die Verlangsamung des Herzschlags.

Die 5-4-3-2-1-Methode

ÜBUNG

Suche dir einen ruhigen Ort, an dem du für zwei Minuten ungestört sein kannst. Konzentriere dich nun auf **5 Dinge, die du sehen kannst, danach auf 4 Dinge, die du anfassen kannst, dann auf 3 Dinge, die du hören kannst, auf 2 Dinge, die du riechen kannst und zuletzt auf 1 Sache, die du schmecken kannst.**

Durch die Verlagerung der Aufmerksamkeit auf das Hier und Jetzt gelingt es für einen Moment, das Gedankenkarussell zu unterbrechen. Oft befassen wir uns mit der Vergangenheit und der Zukunft und verpassen dabei den gegenwärtigen Moment. Im Hier und Jetzt treten Gefühle, die durch Gedanken an die Vergangenheit oder Zukunft ausgelöst werden, zurück. Hier kannst du einen Moment der Ruhe und Entspannung entdecken. Dazu braucht es nur die Fokussierung auf deine fünf Sinne.

2.4 Umgang mit inneren Konflikten

Nun geht es um die Konflikte, die nicht direkt mit einem Gegenüber ausgetragen werden, sondern mit uns selbst. Ich möchte dir Möglichkeiten vorstellen, wie sich innere Konflikte klären und auflösen lassen.

Wut reflektieren und damit umgehen

„Warum bist du bloß immer so wütend?!" – Wut ist eines der am meisten tabuisierten Gefühle in unserer Gesellschaft. Viele von uns haben keine Verbindung zu diesem Gefühl aufbauen können, weil es in der Kindheit als unerwünschtes Gefühl galt. Dabei gibt es keine positiven und negativen Gefühle, vielmehr gibt es angenehme und unangenehme Gefühle. Niemand würde sagen „Hör auf, so glücklich zu sein!". Gleiches sollte für die Wut gelten. Als Fachkraft ist es notwendig, immer wieder Zugang zu den eigenen Gefühlen zu bekommen. Denn letztlich ist es nicht möglich, unser Gegenüber in seinen Gefühlen zu sehen und zu begleiten, uns die eigenen Gefühle aber abzusprechen.

Mit Blick auf den Gefühls- und Bedürfniskompass (siehe Kapitel 4.3) wird deutlich, dass Wut uns auf dahinterliegende Bedürfnisse aufmerksam macht. Dieses Gefühl zu unterdrücken bedeutet, den Zugang zu den eigenen Bedürfnissen zu verlieren. Ich betrachte Bedürfnisse gerne als Quelle des Lebens. Aus einem Bedürfnis heraus zu handeln kann sehr erfüllend sein. Handele ich ohne Blick auf meine Bedürfnisse, weil ich unangenehme Gefühle ablehne, dann funktioniere ich höchstens noch.

Zurückgehaltene oder unterdrückte Gefühle erzeugen kurzfristig schlechte Laune. Langfristig blockieren sie jedoch und können uns krank machen (vgl. Hohmann 2021, S. 23). Marshall Rosenberg (2016, S. 48) stellte fest: „Unterdrückte Gefühle kommen teuer zu stehen."

Es liegt an uns, ob und wie wir unsere Wut nutzen. Aus der Gewaltfreien Kommunikation (siehe Kapitel 4) wissen wir, dass hinter jedem Gefühl immer auch ein erfülltes oder unerfülltes Bedürfnis steckt. Dieses Bedürfnis herauszufinden ermöglicht uns erst, eine wiederkehrende Situation so zu verändern, dass sich unser Bedürfnis erfüllt oder zumindest berücksichtigt wird und somit Situationen angenehmer werden.

Situationen, in denen Wut absolut angemessen ist und uns helfen möchte

Bei Grenzüberschreitung: Jemand wuschelt dir ungefragt durch die Haare. Vielleicht wirst du jetzt wütend und wehrst dich gegen diesen körperlichen Übergriff. Gut so! Du schützt deine körperlichen Grenzen und sorgst für die erwünschte Distanz. Möglicherweise hat man dir aber auch als Kind eingeredet, solche Übergriffe zum Beispiel im familiären Umfeld auszuhalten –

mit den Worten: „Jetzt stell dich mal nicht so an. Immerhin ist es die Oma, die wird ja wohl noch durch die Haare wuscheln dürfen." In diesem Fall hast du eine frühe Ablehnung deiner Wut erfahren und vielleicht gelernt, deine angemessene Wut zu unterdrücken.

Bei Ungerechtigkeit: In der Kindergarten- oder Schulzeit gab es sicher hin und wieder einen Konflikt zwischen dir und jemand anderem. Eine erwachsene Person kam hinzu und urteilte, ohne überhaupt etwas über die Situation in Erfahrung gebracht zu haben. Deshalb war das Urteil mit hoher Wahrscheinlichkeit ungerecht. Danke an die Kinder und Erwachsenen, die mit ihrer Wut für Gerechtigkeit einstehen.

Zur Zielerreichung: Michael Jordan, einer der erfolgreichsten Basketballspieler, hat sich vor herausfordernden Wettkämpfen selbst in Wut gebracht, indem er zum Beispiel an die letzte Niederlage dachte. Sein Ziel lautete: Mit Wut zu neuen Bestleistungen! Die Aussage „Jede Niederlage hat mich stärker gemacht" lässt sich durch das Gefühl der Wut erklären. Wichtig ist hier natürlich, dass sich die Wut konstruktiv auf die sportlichen Leistungen ausgewirkt hat und es nicht darum ging, die Gegenspieler zu verletzen.

Selbsteinfühlung = Impathie

Impathie hilft bei der inneren Klärung von Gedanken und bringt uns mit unseren Bedürfnissen in Verbindung. Diese Selbstklärung kann uns auch unterstützen, unsere empathischen Fähigkeiten weiterzuentwickeln oder in einem Konfliktfall zurückzugewinnen.

Leitsatz: Impathie vor Empathie

Zudem bietet sich ein impathischer Prozess an, um die Begrifflichkeiten im Gefühls- und Bedürfniskompass (siehe Kapitel 4.3) zu entdecken. Dies führt nicht nur zur inneren Klärung und Entspannung, sondern ermöglicht zudem die Auseinandersetzung mit und die Festigung von Gefühls- und Bedürfnisworten. So wirst du in Zukunft leichter geeignete Worte in Konfliktsituationen finden und entwickelst einen besseren Zugang zu den eigenen Bedürfnissen.

ÜBUNG

Impathie-Übung – Schritt für Schritt erklärt

Schritt 1: Denke an ein Problem oder eine Situation, die belastet, unangenehm und noch ungeklärt ist. Beobachte dabei alle Urteile, Vergleiche und Wertungen. Alles, was ist, darf sein. Schreibe deine Gedanken in Zitatform auf.

Schritt 2: An dieser Stelle geht es direkt zum Bedürfnis. Nutze hierzu gerne den Gefühls- und Bedürfniskompass (siehe Kapitel 4.3), wenn du nach Worten und Anregungen für dein Bedürfnis suchst. Schreibe all deine, hier zutreffenden Bedürfnisse auf. Anschließend wähle die beiden stärksten Bedürfnisse aus und unterstreiche sie.

Schritt 3: Du weißt nun genau, worum es dir geht, welches Bedürfnis unerfüllt ist. Wie fühlt sich diese Klarheit an? Wo in deinem Körper fühlst du sie?

Schritt 4: Überlege dir, was du jetzt konkret tun kannst, um dein Bedürfnis zum Teil oder vollständig zu erfüllen. Entweder formulierst du eine Bitte an dich selbst oder an dein Gegenüber. Berücksichtige in der Bitte die W-Fragen (Was, wie, wann, wo und wer). Die Bitte sollte grundsätzlich positiv, konkret und sofort erfüllbar formuliert sein.

Hier ist Platz für dein(e) ...

Beobachtung:

Bedürfnis:

Gefühl:

Bitte:

Blockierende Glaubenssätze auflösen

Glaubenssätze sind Erfahrungen aus der Vergangenheit. Sie sind ein Teil von dir und richten – meist unbewusst – dein Handeln auf die Erfüllung dahinterliegender Bedürfnisse aus. Jedoch ist es mit Glaubenssätzen so eine Sache, vor allem, weil sie uns nicht immer bewusst sind und großen Einfluss auf unser Handeln haben. Es gibt Glaubenssätze, die in der Vergangenheit für uns hilfreich waren, jedoch mit der Zeit eher hinderlich werden. Die Umstände haben sich geändert, der Glaubenssatz ist geblieben. Somit können uns Glaubenssätze stärken oder blockieren. Gerade in Konfliktsituationen gibt es Glaubenssätze, die uns regelmäßig blockieren. Worte wie „Man kann es einfach nicht allen recht machen" oder „Es gibt einfach schlechte Menschen" können dazu führen, dass gewaltfreie und zufriedenstellende Konfliktlösungen verhindert werden.

Transformation negativer Glaubenssätze

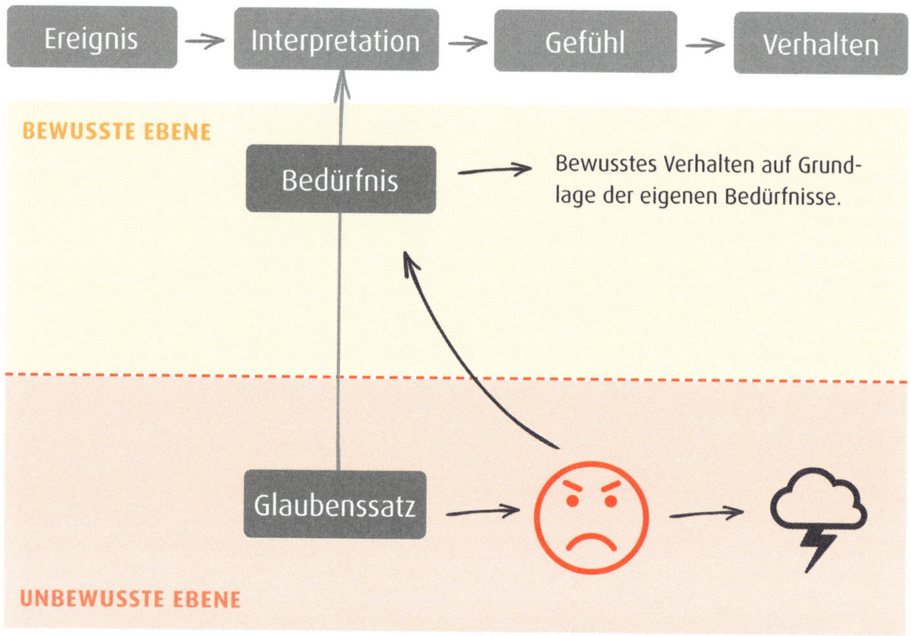

(vgl. auch Stahl 2017, S. 13)

Alles, was wir tun, ist der gelungene oder weniger gelungene Versuch uns ein Bedürfnis zu erfüllen.

Die Gewaltfreie Kommunikation nach Marshall Rosenberg sieht hinter jedem Verhalten (und auch hinter jedem Gedanken) unerfüllte oder erfüllte Bedürfnisse als Ursache. Erkenne ich mein Bedürfnis, dann habe ich die Möglichkeit, mich in einer positiven Weise darum zu kümmern und bin meinen Interpretationen und Glaubenssätzen nicht mehr ausgeliefert.

Da dieser Zustand der Bewusstheit jedoch nicht in jedem Moment möglich scheint und unser Gehirn den Modus „energiesparender Autopilot" bevorzugt, scheint es an dieser Stelle sinnvoll, dass wir uns mit blockierenden Glaubenssätzen intensiv und bewusst auseinandersetzen. **Das Ziel besteht darin, hinderliche Glaubenssätze aufzuspüren und zu verändern.** Die Veränderung hilft uns dabei, dass wir nicht in jedem Moment bewusst hinspüren „müssen", sondern uns bewusst oder unbewusst aus unseren neuen und stärkenden Glaubenssätzen heraus verhalten können.

Die Veränderung von Glaubenssätzen lässt sich mit einem Programmiervorgang vergleichen. Veraltete und hinderliche Glaubenssätze, die für unser aktuelles Lebenssystem nicht mehr passen, benötigen ein liebevolles Update. Ich lade dich ein, dich im Folgenden einem deiner Glaubenssätze zu stellen und diesen zu bearbeiten.

ÜBUNG

Schritt 1: Auswahl eines hinderlichen Glaubenssatzes

Falls dir gerade kein eigener einfällt, hier eine kleine Auswahl an hinderlichen Glaubenssätzen. Suche dir einen aus, der dir zutreffend erscheint und den du gerne verändern möchtest:

„Ich bin nicht gut genug."
„Ich kann niemandem trauen."
„Ich darf keine Schwäche zeigen."
„Ich darf keine Fehler machen."
„Nur wenn ich etwas leiste, werde ich geliebt."
„Erst die Arbeit, dann das Vergnügen."
„Ich muss alles alleine schaffen."
„Ich muss es allen recht machen."
„Ein starkes Gewitter reinigt die Luft."
…

Mein Glaubenssatz:

Schritt 2: Wertschätzung für deinen Glaubenssatz

Denke bitte daran, dass jeder Glaubenssatz, auch wenn er hinderlich scheint, ein oder mehrere Bedürfnisse erfüllen möchte. Schreibe deinen Glaubenssatz auf und überlege dir mithilfe des Gefühls- und Bedürfniskompasses (siehe Kapitel 4.3), welche/s Bedürfnis/se er dir erfüllen möchte.

Mein Glaubenssatz versucht mir folgende/s Bedürfnis/se zu erfüllen:

Schritt 3: Finde Bedürfnisse heraus, deren Erfüllung durch deinen Glaubenssatz verhindert wird

Denke an eine konkrete Situation, in der dein Glaubenssatz für dich hinderlich erscheint. Welche wichtigen Bedürfnisse bleiben auf der Strecke? Schreibe alle Bedürfnisse auf, die dir in der konkreten Situation wichtig waren und unerfüllt geblieben sind.

Mein Glaubenssatz verhindert mir die Erfüllung folgender Bedürfnisse:

Schritt 4: Veränderung deines hinderlichen Glaubenssatzes

Dein alter Glaubenssatz:

Wähle nun ein bis zwei deiner wichtigsten erfüllten und ein bis zwei wichtige unerfüllte Bedürfnisse aus und schreibe sie hier auf. Es sollten nicht mehr als vier Bedürfnisse sein.

Erfüllte Bedürfnisse	Unerfüllte Bedürfnisse

Formuliere nun einen Satz, der all deine Bedürfnisse berücksichtigt. Es wird dein neuer Glaubenssatz.

MEIN NEUER GLAUBENSSATZ:

Tipp: Der neue Glaubenssatz darf gefeiert werden!
Schreibe zum Schluss deinen alten Glaubenssatz auf ein Stück Papier. Zünde es anschließend an und schau dabei zu, wie sich dein alter Glaubenssatz in Rauch auflöst (selbstverständlich solltest du dieses Ritual im Freien durchführen). Während der Zettel und somit dein alter Glaubenssatz in Flammen aufgeht, kannst du dich verabschieden und deinen neuen Glaubenssatz feierlich begrüßen. Viel Freude dabei!

Hinderliche Konfliktmuster erkennen und verändern

Es geht hier nicht darum, dass wir die Schuld oder die volle Verantwortung für einen Konflikt übernehmen sollten. Vielmehr geht es darum zu erkennen, dass wir unser Denken und Handeln selbst verändern und dadurch den gesamten Konflikt beeinflussen können. Es geht also um die Entdeckung neuer Möglichkeiten, um einen Konflikt mitzugestalten. Die Veränderung der eigenen Konfliktmuster führt zur Veränderung der gesamten Konfliktdynamik. Im Idealfall zu einer positiven Veränderung. Wir sind in jedem Fall sehr machtvoll im positiven Sinne.

Oft reagieren wir in gefestigten und automatisierten Kommunikationsmustern, die wir über Jahre oder Jahrzehnte verinnerlicht haben. Einige unsere Muster haben sich bewährt und sind regelrechte Konfliktklärer. Andere hingegen waren für uns zwar in der Vergangenheit/Kindheit hilfreich, führen heute jedoch regelmäßig dazu, dass wir uns in einem Konflikt verlieren und steckenbleiben. Sich der eigenen Muster bewusst zu werden und aktiv für Veränderung des eigenen Konfliktverhaltens zu entscheiden, ist der erste und wichtigste Schritt.

BISHER → STOPP! → AB HEUTE

Schließe deine Augen und nehme wahr: Was hörst du? Was riechst du?
Wo spürst du Kontakt deines Körpers mit der Außenwelt?
Spürst du den Kontakt deiner Füße mit dem Boden?

ANGRIFF – FLUCHT – TOTSTELLEN

Eskalation/Vermeidung

VORWURF:

Du bist schuld, dass es mir schlecht geht!

Du bist das Problem.

Du musst dich verändern!

SITUATION NEU BEWERTEN:

ATME!

- Ein Vorwurf ist immer eine Selbstoffenbarung.
- Drohungen entstehen aus einer Ohnmacht heraus.
- Ist deine Situation wirklich gefährlich?
- Was wäre das Schlimmste, was passieren kann?

Was fühlst du in dieser Situation?

Wo fühlst du es?

Was ist deine Erwartung?

Worum geht es dir wirklich?

Um welches Bedürfnis geht es?

Auf einer Skala von 1–10, wie erfüllt ist dein Bedürfnis gerade?

Was müsste passieren, damit dein Bedürfnis auf der Skala um einen Punkt steigt?

Was wäre ein guter erster Schritt?

ÜBUNG

Achtsamkeitsübung zur Unterbrechung des Gedankenkarussells

Denke zuerst an einen ungelösten Konflikt. Lasse alle Gedanken zu. Nun nimm dir einen Gegenstand, der in Griffweite liegt. Schließe deine Augen und taste ihn ganz genau ab:

- Ist der Gegenstand hart oder weich?
- Warm oder kalt?
- Leicht oder schwer?
- Wie fühlt sich die Oberfläche an?
- Welche Formen nimmst du wahr?

Diese kurzen Achtsamkeitsübung hilft dabei, das eigene Gedankenkarussell zu stoppen und wieder einen besseren Zugang zu sich selbst zu bekommen. Willkommen im Hier und Jetzt!

Neubewertung der Situation

Beantworte dazu die folgenden Fragen:

- Ist die Situation wirklich bedrohlich für mich?
- Was ist das Schlimmste, das passieren könnte?
- Hinter einem Vorwurf steckt immer auch eine Selbstoffenbarung. Was sagt der Vorwurf über mein Gegenüber aus?
- Erkennst du eine gewisse Ohnmacht oder Hilflosigkeit bei deinem Gegenüber?
- Was für ein Wunsch steckt möglicherweise hinter dem Vorwurf?

Denke daran: Es geht nicht darum, dass du dich schuldig fühlst oder die volle Verantwortung für das Problem übernimmst. Es geht um den Versuch, den guten Grund hinter einem Verhalten sehen zu können. Es ist völlig in Ordnung und auch wichtig, dass du verletzendes Verhalten weiterhin ablehnst und nicht bereit bist, dich Anschuldigungen, Vorwürfen oder Drohungen auszusetzen.

Das eigene Konfliktmuster reflektieren

Überlege einmal, wie du bisher in diesem Konflikt reagiert hast. Und denke auch darüber nach, wie ein komplett gegenteiliges Verhalten deinerseits aussehen könnte.

Formuliere folgenden Satz für dich:

Bisher habe ich

----

ab heute werde ich

Beispielsätze:

- Bisher habe ich mich zurückgezogen und bin leise geworden, ab heute sage ich deutlich „Stopp!" und verlasse die Situation.
- Bisher habe ich in Konflikten lautstark meine Meinung vertreten, ab heute werde ich tief durchatmen und bis 10 zählen und dann antworte ich.

Ins Fühlen kommen

Viel zu selten nehmen wir uns im Alltag Zeit für unsere Gefühle. Dabei fühlen wir ständig. Wenn es uns gelingt, die eigenen Gefühle bewusst wahrzunehmen und in Worte zu fassen, beruhigt sich die Amygdala, die Region in unserem Gehirn, die für Emotionen verantwortlich ist. Und der präfrontale Cortex, die Region, in der unter anderem unser lösungsorientiertes Denken verortet ist, wird wieder aktiviert.

Stelle dir folgende Fragen:

- Welches Gefühl kommt in mir auf, wenn ich an den Vorwurf, die Drohung oder die Anschuldigung aus dem betreffenden Konflikt denke?

- Wo fühle ich es? In der Magengegend? In den Armen und Beinen? Im Brustkorb?
- Wie fühlt es sich an? Habe ich ein flaues Gefühl im Magenbereich? Kribbeln die Arme und Beine? Fühlt sich mein Brustkorb beklemmt an? Zittern meine Hände?

Eigene Erwartungen klären

- Welche Erwartung habe ich eigentlich an mein Gegenüber? Was soll er oder sie tun?
- Worum geht es mir im Kern? Welches Bedürfnis steckt dahinter?
- Wie erfüllt ist dieses Bedürfnis jetzt aktuell auf einer Skala von 1–10?

Lösungsebene

Oft denken wir in Lösungen, die alle Erwartungen sofort erfüllen sollen. Das sind Ziele, die so groß sind, dass ihre Erreichung schwierig ist. Aus diesem Grund ist es sinnvoll, sich zu überlegen, wie eine konkrete und positiv formulierte Bitte an mein Gegenüber aussehen könnte, damit sich mein Bedürfnis um lediglich einen Punkt auf der Skala besser erfüllt.

- Was kann ich selbst dafür tun?
- Brauche ich mein Gegenüber eigentlich dafür?
- Was brauche ich von meinem Gegenüber? Worum möchte ich konkret bitten?

An dieser Stelle kannst du frei entscheiden, ob du um etwas bitten, dir etwas wünschen oder etwas fordern möchtest. Bei einer Bitte oder einem Wunsch bleibt deinem Gegenüber die Möglichkeit abzulehnen. Bei einer Forderung ist das schwieriger, und es steckt ein deutlicher Nachdruck dahinter. In jedem Fall empfehle ich, das eigene Bedürfnis grundsätzlich zu benennen, um dadurch Nachvollziehbarkeit und Verstehen für dein Gegenüber zu ermöglichen. Menschen sind tendenziell eher bereit, einer Bitte, einem Wunsch oder einer Forderung nachzukommen, wenn dies zum Beispiel mit dem eigenen Bedürfnis begründet wird (vgl. S. 85).

Meine Bitte/mein Wunsch/meine Forderung lautet:

Mitgefühlsmeditation

Die Mitgefühlsmeditation soll unser Grundbedürfnis nach Verbundenheit erfüllen. Wir können diese Technik allein für uns anwenden, ohne dabei im Kontakt mit anderen Menschen zu sein. Im Prinzip geht es hier um „Nächstenliebe", die wir durch einen strukturierten Prozess auf alle Menschen übertragen können. Die Meditation kann helfen, das Schöne in einem anderen Menschen wiederzuentdecken. Wir gewinnen neue positive Zuschreibungen und empfinden wieder Verbundenheit mit Menschen, die uns fern erscheinen.

Der Prozess beginnt mit der Vorstellung uns nahestehender Menschen und soll das Gefühl von Liebe in uns fördern. Die Meditation wird durch sich wiederholende Sätze geleitet, die sich auf nahestehende Menschen in unserem Leben beziehen, auf Freunde, dann auf neutrale Personen und zum Abschluss auf Menschen, die uns weit entfernt scheinen, zu denen wir in der Vergangenheit wenig bis keinen Zugang gefunden haben, zum Beispiel, weil wir uns durch Konflikte voneinander entfernt haben (vgl. Purps-Pardigol 2021, S. 116ff.).

Die leitenden Sätze können lauten:

Mögest du glücklich sein
Mögest du gesund sein!
Mögest du die Herausforderungen deines Lebens meistern!
Mögest du in Frieden sein!
Mögest du frei von Leid sein!
...was auch immer das Leben dir anbietet!

Die Mitgefühlsmeditation findest du vollständig als Audio-Datei unter:
https://sozialundstark.com/meditation
Passwort: Mitgefühl

Reframing: Raus aus der Negativspirale

In Experimenten konnte mithilfe eines funktionellen Magnetresonanztomographen (fMRT) gemessen werden, dass Fragen zum Beispiel nach Zukunftsträumen einen beruhigenden Einfluss auf unser Gehirn haben und den Bereich aktivieren, der für sozial-emotionale Sicherheit steht. Problemorientierte Fragen wie „Welche Herausforderungen erleben Sie derzeit?", „Was könnte in Ihrem Leben aktuell schwierig werden?", „Welche Ängste beschäftigen Sie?" führten nachweislich zur Aktivierung des sympathischen Nervensystems, wodurch Blutdruck und Herzfrequenz steigen, während sich die Sekretion von Verdauungssäften reduziert. Der Körper wird auf den Kampf- oder Flucht-Modus vorbereitet (vgl. Purps-Pardigol 2021, S. 21f.).

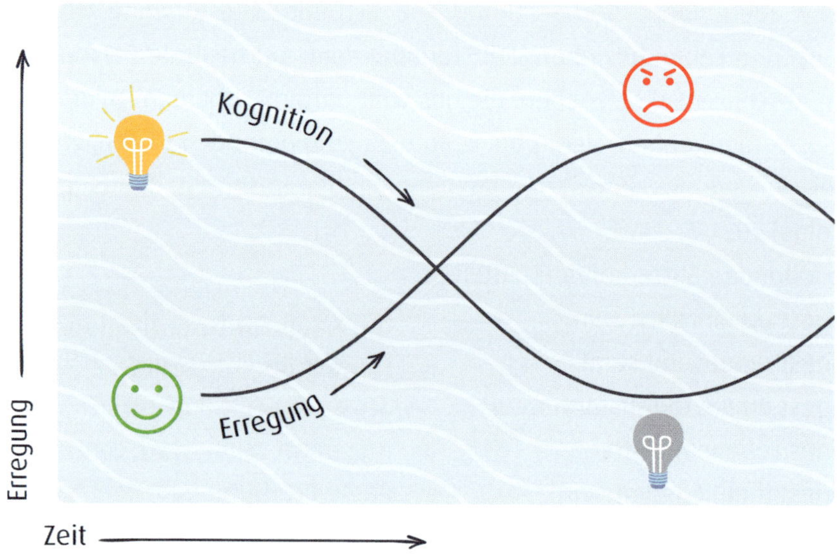

Die gedankliche Ausrichtung ist somit auch eine grundlegende Weiche für den Erfolg oder Misserfolg von Konfliktgesprächen. **Unsere Gedanken lösen Gefühle in uns aus.** Dabei ist es egal, ob die Gedanken einen Bezug zur Wirklichkeit haben oder nicht. Wir versetzen uns mit negativen Zuschreibungen in einen Gefühlszustand, der Frust, Ärger, Angst oder Wut auslösen kann und entsprechend unsere Erregungskurve ansteigen lässt. Steigt die Erregungskurve an, so sinkt unsere Kognition. Eine subjektiv bedrohlich empfundene Situation führt dazu, dass wir den Zugriff auf unser denkendes Gehirn weitgehend verlieren (siehe auch Seite 21f.). Und das wäre in Konfliktsituationen schade. Reframing, was so viel wie Umdeutung oder Neurahmung bedeutet, kann helfen, sich gedanklich positiv auf ein Gespräch oder eine Situation einzustimmen (siehe auch Seite 58f.).

Die Dynamik von Zuschreibungen

„Kevin[1] ist provokant." Diese Zuschreibung lässt nicht die Frage nach Gründen für das Verhalten aufkommen, sondern schreibt dem fünfjährigen Kevin die Eigenschaft zu. Vermeintlich folgerichtig leitet die Fachkraft deshalb für sich ein pädagogisches Verhalten ab, das nicht nach dem Grund für das Verhalten fragt, sondern den Versuch darstellt, mit einem provokanten Kind auszukommen. Hier verschmelzen Mensch und Zuschreibung. Der Kontakt mit Kevin wird entsprechend dieser Annahme gestaltet.

Eine Zuschreibung wird sichtbar durch folgende Formulierung: Name + ist + Zuschreibung: „Kevin ist provokant". Sie suggeriert eine Wahrheit, ähnlich einer Diagnose, jedoch erfolgt eine Zuschreibung deutlich schneller und willkürlicher als eine psychologische Diagnose, die auf möglichst objektiv beobachtbaren Kriterien basiert.

1 Der Name „Kevin" ist hier bewusst gewählt, da er in unserer Gesellschaft noch immer mit negativen Zuschreibungen belegt ist. Kinder mit negativ konnotierten Vornamen werden nachweislich durch Lehrer:innen schlechter beurteilt als solche mit gleichen Leistungsergebnissen und positiv konnotierten Vornamen (vgl. Universität Oldenburg, online unter: https://www.presse.uni-oldenburg.de/mit/2010/319.html, Stand 06.06.2022).

Im Übergabegespräch in der Kita benutzen die Kolleg:innen folgende Worte in Bezug auf den Jungen. Kevin ist

- **provokant**
- **verhaltensauffällig**
- **grenzüberschreitend**
- **störend im Gruppenalltag**
- **aufmerksamkeitssuchend**
- **überwiegend desinteressiert**
- **schwer händelbar**

Das Übergabegespräch enthält zudem noch „bewährte" Verhaltenstipps für den Umgang mit Kevin: „Kevin braucht klare Grenzen. Er testet aus, wie weit er gehen darf. Lass dir von ihm nicht auf der Nase herumtanzen und bleib konsequent. Er stört bewusst, um Aufmerksamkeit zu bekommen. Das haben wir immer ignoriert, damit sich sein Verhalten nicht verstärkt. Er muss klar erkennen, dass ihr nicht seine täglichen Bespaßer:innen seid. Mit Blick auf die Schule muss er lernen, alleine klarzukommen. Er wird dazu neigen, Aufgaben zu verweigern. Wir haben ihm dann Extra-Aufgaben für Zuhause mitgegeben, damit er merkt, dass er mit diesem Verhalten nicht durchkommt. Wir haben ihm auch Annehmlichkeiten im Alltag verboten, wenn er sich verweigert hat, mitzumachen. Erst die Arbeit, dann das Vergnügen."

Zugegeben, diese Sätze aneinandergereiht scheinen übertrieben, stammen jedoch alle aus der Praxis. Es liest sich wie eine Art negativer Gebrauchsanweisung für Kinder. Die folgende Abbildung beschreibt den daraus entstehenden Etikettierungskreislauf:

Ab jetzt ist die Fachkraft gefährdet, in eine Überforderung im Umgang mit „provokanten Kindern" zu rutschen. Mit diesen festen Zuschreibungen ist ein verstehensorientierter Kontakt deutlich erschwert. Im Zweifel werden die Fachkräfte geneigt sein, nach Antworten auf das vermeintlich provokante Verhalten zu suchen, aber kaum noch Fragen stellen. Dies wäre

Etikettierungskreislauf

jedoch die Grundvoraussetzung, um den Etikettierungskreislauf zu durchbrechen und neue Erkenntnisse bezogen auf den „guten Grund" von Kevin zu finden (vgl. auch Cantzler 2023).

Ausgesprochene Zuschreibungen können zur inneren Stimme/zu Glaubenssätzen (siehe Seite 43ff.) von Kindern und vermutlich auch von Erwachsenen werden (vgl. Wedewardt & Hohmann 2021, S. 115f.; Wedewardt 2022,

S. 9f.; Wedewardt & Cantzler 2022a, S. 117ff.). Die Zuschreibung „Du bist so gefühlskalt" kann dazu führen, dass unser Gegenüber aufgibt, sich in andere einzufühlen, und das Etikett „empathielos" als gegeben annimmt. Auch eigene Zuschreibungen können zu hinderlichen Überzeugungen werden. So habe ich mir selbst jahrelang gesagt, dass ich mir keine Namen merken könne. Dies führte dazu, dass ich nicht mehr nach den Namen fragte, weil ich sie mir ja sowieso nicht hätte merken können. Unser Handeln richtet sich also unbewusst darauf aus, dass die Zuschreibung zu unserer Wirklichkeit wird und sich regelmäßig bewahrheitet.

Reframing – umdeuten und neu rahmen

Es wird deutlich, dass negative Zuschreibungen grundsätzlich auch negativen Einfluss auf unser Kommunikations- und Konfliktlösungsverhalten haben. Wir können unsere negativen Zuschreibungen aber auch umdeuten und neu rahmen. Im ersten Schritt bietet es sich an, nach einer konkreten, wertfreien Beobachtung zu suchen, auf die unsere Zuschreibung zutrifft bzw. aus der heraus sie entstanden ist. Daraus ergibt sich dann die Möglichkeit, auf Grundlage dieser Beobachtung eine Umdeutung zu entwickeln, die sich an Stärken, Ressourcen und guten Gründen sowie möglichen Bedürfnissen orientiert. In jeder Schwäche liegt immer auch eine Stärke, wir müssen sie nur finden.

ÜBUNG

Versuche, die negativen Zuschreibungen auf Grundlage der dazugehörigen Beobachtung (mittlere Spalte) positiv umzudeuten. Welche Stärken, Ressourcen, guten Gründe oder Bedürfnisse kannst du hinter der Situation vermuten? Zum Schluss kannst du eine eigene negative Zuschreibung aus deinem Alltag auf den Prüfstand stellen und mithilfe einer neutralen Beobachtung (Situation) zu einer positiven Zuschreibung umformulieren.

Negative Zuschreibung	Situation	Umdeutung/positive Zuschreibung (Stärken, Ressourcen, guter Grund, Bedürfnis)
Der Nörgler	Herr Peters beschwert sich morgens an der Eingangstür, warum es so lange dauert, bis ihm jemand öffnet. Er habe den Kindergarten schließlich ab 7 Uhr gebucht.	Herr Peters ist gewissenhaft und genau.
Miss Oberpingelig	Frau Lori ist sauer und sagt, dass sie es nicht verstehen könne, warum zum zweiten Mal innerhalb einer Woche eine falsche Brotdose mitgegeben wurde.	
Packt seinen Sohn in Watte	Herr Meyer ist sauer, als er erfährt, dass sein Sohn vom Klettergerüst gefallen ist. Immerhin seien hier doch Fachkräfte mit einer Aufsichtspflicht, um so etwas zu verhindern.	
Typische Helikoptermutter	Frau Müller teilt mit, dass sie es nicht hinnehmen werde, wenn ihre Tochter von Max, einem Kind aus der Gruppe, geschubst und gehauen werde. Da müsse das Fachpersonal dringend besser aufpassen.	

Platz für eine eigene Zuschreibung:

Negative Zuschreibung	Situation	Umdeutung/positive Zuschreibung (Stärken, Ressourcen, guter Grund, Bedürfnis)

3

GELINGENDE KOMMUNIKATION – BASIS DER KONFLIKTLÖSUNG

IN ERSTER LINIE DENKEN WIR DARÜBER NACH, WAS WIR SAGEN KÖNNEN. Dabei ist vor allem in der Konfliktklärung die Art und Weise, wie wir etwas sagen, von großer Bedeutung. Sicher hast du das schon einmal erlebt: Zwei Personen unterhalten sich auf der anderen Straßenseite. Die vorbeifahrenden Autos sind viel zu laut, um nur im Ansatz verstehen zu können, worüber die beiden sprechen, und doch bekommst du ein Gefühl dafür, wie sie zueinander stehen. Und genau das ist es: Kommunikation ist wie ein gemeinsamer Tanz. Damit er gelingt, ist es notwendig, den Schritten des Gegenübers achtsam zu folgen und mitzuschwingen, damit wir im gemeinsamen Takt bleiben.

3.1 Die fünf Prinzipien gelingender Kommunikation

Häufig wird Kommunikation als „Rede und Gegenrede" verstanden: These und Antithese. Kommunikation ist aus meiner Sicht jedoch viel mehr. Es handelt sich um die Offenheit und Bereitschaft, sich einem Prozess hinzugeben, der in seinem Ergebnis offen ist.

In diesem Kapitel beschreibe ich das, was wir alle bereits in uns haben. Es sind Prinzipien, die sich aus gelingender menschlicher Kommunikation ableiten lassen und die wir täglich beobachten können. Es liegt an uns, ob wir bewusst und aktiv diese Prinzipien im Kontakt nutzen oder Kommunikation dem Zufall überlassen möchten. Die folgenden fünf Prinzipien befassen sich mit dem Einstieg in gelingende Kommunikation und basieren auf den Erkenntnissen des Psychologen Stephen Church und der Sozialpädagogin Hannelore Gens (vgl. Church 2005, S. 22ff.; vgl. Gens 2016, S. 9ff.). Zur Gestaltung herausfordernder Gespräche findest du in Kapitel 5.3 Anregungen, die auf den hier beschriebenen Prinzipien gelingender Kommunikation aufbauen.

Prinzip 1 Aufmerksamkeit

Aufmerksamkeit als grundlegendes Prinzip gelingender Kommunikation ist deshalb richtungsweisend, weil erst dadurch erste Resonanzreaktionen möglich werden. Dies ist schon früh zu beobachten in der Mutter-Kind-Beziehung, in der ein wechselseitiges Aufnehmen und Zurückspiegeln von Signalen stattfindet. Dieses Spiegelspiel bildet den Startpunkt jeder zwischenmenschlichen Beziehung (vgl. Bauer 2018, S. 62).

Prinzip 2 „Ein Lächeln ist die kürzeste Verbindung zwischen zwei Menschen"

Ein freundliches Gesicht, wie es in der Video-Home-Training-Methode (VHT) oder bei Marte Meo (vgl. Aarts et al. 2023) genannt wird, ist das zweite Prinzip gelingender Kommunikation. Es wirkt als beziehungsförderliches Kommunikationselement und ermöglicht einen gelingenden Einstieg in die weiterführende Kommunikation. Sicher kennst du das Phänomen des ansteckenden Lächelns. Spiegelneurone sind für diese unwillkürlichen, unbewussten Imitations- und Resonanzphänomene verantwortlich, die zudem stimmungsaufhellend wirken können (vgl. Bauer 2018, S. 12f.).

Prinzip 3 Stress überträgt sich – Entspannung auch!

Die entspannte Körperhaltung stellt ein weiteres Prinzip positiv gelingender Kommunikation dar. Diese Haltung und damit einhergehend eine entspannte, freundliche Stimmintonation signalisiert dem Gegenüber: Es ist alles in Ordnung. Du bist hier in Sicherheit. Solltest du Anspannung vor einem Gespräch spüren, dann lies gerne noch einmal in Kapitel 2.3 „Ruhe bewahren: Techniken zur Selbstregulation“ nach.

Prinzip 4 Empfangsbereit?

Beim Empfang geht es um die Wahrnehmung und Bestätigung von Kommunikationsinitiativen. Es handelt sich also noch nicht um eine spezielle Zuhörtechnik, sondern lediglich um das Bestätigen und Einstimmen zweier Kommunikationspartner:innen. Ich nutze dabei intuitiv und/oder bewusst sowohl die körperlichen Signale meines Gegenübers als auch die verbalen Äußerungen. Indem ich Körpersprache spiegele und Worte oder Sätze wiederhole, bestätige ich, dass ich „auf Empfang“ eingestellt bin. Verweigern wir intuitive Signale, wie die kurzen Resonanzreaktionen im Vorbeigehen oder verschiedene Verständigungsmöglichkeiten über den Blick, dann spürt unser Gegenüber soziale Ablehnung und Ausgrenzung (ebd., S. 109).

Die Wiederholung des Gesagten hat eine interessante Wirkung: Auch in angespannten Gesprächssituationen kann dies dazu führen, dass unser Gegenüber die Wiederholung mit einem „Ja“ bestätigt. Ein Ja enthält im wesentlichen Zustimmung, anders als ein „Nein", das einen Widerstand kommuniziert. Etwas zu wiederholen kostet uns keine Energie, wir gewinnen Zeit und zeigen, dass wir unser Gegenüber wahrnehmen und hören. Vor dem Hintergrund, dass Gesehen- und Gehörtwerden zwei starke menschliche Bedürfnisse sind (siehe auch Seite 16), ist dieses Vorgehen zudem noch beziehungsstärkend.

Prinzip 5 **Benennen**

Das Benennen braucht unsere volle Aufmerksamkeit, die Präsenz im Hier und Jetzt. Alles, was unser Gegenüber uns sprachlich und auch nicht-sprachlich anbietet, will wahrgenommen, empfangen, bestätigt und bei Bedarf benannt werden. Benennen können wir Verhalten, Gefühle, Bedürfnisse, die Situation an sich und das, was wir bei unserem Gegenüber wahrnehmen und/oder vermuten, sowie das, was uns selbst beschäftigt.

In diesen Momenten bedarf es der zuvor erwähnten Offenheit und Bereitschaft, sich einem Kommunikationsprozess hinzugeben, den wir zwar mitgestalten, der im Ergebnis jedoch grundsätzlich offen ist.

Die fünf Prinzipien gelingender Kommunikation gleichen einem Balanceakt. Sie fordern unsere volle Aufmerksamkeit und Konzentration, wenn wir dem „Gesprächsseil" folgen und in gutem Kontakt bleiben möchten.

3.2 Ich sehe was, das du nicht sagst

Maik Baum, Trainer und Ausbilder für Mimikresonanz, erzählte mir von einem Coachingmoment mit einer Ausbildungsgruppe: „Die Übung ging dem Ende entgegen und es gab noch eine kurze Intervention, in der ich mit den Händen auf seine Schultern tippe. Ich wollte gerade aufstehen und sehe im Augenwinkel für etwa 200 Millisekunden, dass sich die Augenbrauen meines Gegenübers zusammenziehen und die Augen aufgehen, ein kurzer ‚stechender Blick'. Das war ein Hinweis für mich, dass der Mann kurz davor ist, auszurasten. Ich nehme das wahr, halte inne und setze mich wieder hin. Dann sage ich zu ihm ‚Ich merke, irgendwas macht dich gerade extrem wütend.' Und er sagt vor der ganzen Gruppe: ‚Maik, ich bin kurz davor aufzustehen und das Seminar zu verlassen. Mir steht's bis hier.' "

Mich fasziniert diese Geschichte, weil es hier um einen Moment von 200 Millisekunden geht, den wir häufig übersehen. Achtsam mit den nonverbalen Signalen unseres Gegenübers zu sein und diese zu benennen ist Teil gelingender und verbindender Kommunikation.

Unser Bauchgefühl ist gut geeignet, um inkongruente Aussagen zu entdecken. Wir haben hin und wieder den Eindruck, dass „irgendetwas hier nicht stimmt". Die Aussage des Gegenübers scheint nicht zu einer Körpersprache zu passen. Ein Gefühl der Irritation stellt sich ein. Besser gesagt sind es die Spiegelneuronen in uns, die auf kleinste mimische Äußerungen von nur vierzig Millisekunden intuitiv reagieren.

Man hat Tests gemacht und den Teilnehmenden Bilder von Menschen gezeigt, die Gefühle mimisch ausdrückten. Der Auftrag an die Testpersonen lautete, einen neutralen Gesichtsausdruck beizubehalten. Die intuitiven Spiegelungen der wahrgenommenen Emotionen konnten jedoch nicht bewusst unterdrückt werden und spiegelten sich in den Gesichtern der Testpersonen für einen kurzen Moment wider. Auch wenn den Probanden das jeweilige Bild nur 40 Millisekunden lang gezeigt wurde, sodass der bewusste Verstand nicht ausreichend Zeit zur Analyse haben konnte, wurde die Mimik gespiegelt.

Wir besitzen also in aller Regel ein Bauchgefühl bzw. eine Intuition, die sich wissenschaftlich ausgedrückt mit dem Begriff der Spiegelneurone beschreiben lässt (vgl. Bauer 2016, S. 14f.). Erleben wir die Kommunikation in einem Moment als unstimmig und übergehen dieses Bauchgefühl, werden wir mit großer Wahrscheinlichkeit ab diesem Moment aneinander vorbeireden. Der Schlüssel liegt im Benennen des eigenen Eindrucks, der eigenen Wahrnehmung.

Oft messen wir dem gesprochenen Wort mehr Bedeutung zu und übergehen die anderen Signale. Das kann fatale Auswirkungen haben.

> Ein Coach berichtete von einem einprägsamen Gesprächsende: Er fragte sein Gegenüber zum Abschluss, ob soweit alles gesagt sei. Die Frau bestätigte, dass alles gesagt sei, bedankte sich bei ihm und war dabei zu gehen. Das Bauchgefühl des Coaches sagte ihm jedoch in diesem Moment: Da stimmt etwas nicht. Er benannte sein Bauchgefühl und seine Irritation: „Ich habe den Eindruck, dass da noch etwas ist?", fragte er im Gehen. Daraufhin setzte sich die Frau wieder und fing bitterlich an zu weinen. Sie erzählte, dass sie gerade eben beschlossen hatte, zur nächsten Brücke zu gehen, um sich herunterstürzen. Der Coach war geschockt. Nur durch das Benennen der inkongruenten Kommunikation war es ihm möglich, sein Gegenüber von seinem Vorhaben abzubringen und Hilfe zu ermöglichen.

Aus eigener Erfahrung weiß ich, dass es Momente gibt, in denen ich inkongruente Botschaften am liebsten ignoriere und mich mit der Zustimmung auf sachlicher Ebene zufriedengebe. Wenn mir das passiert, habe ich jedoch in mehrfacher Hinsicht den Kontakt und die Verbindung verloren. Vereinbarungen werden mit hoher Wahrscheinlichkeit nicht umgesetzt und Absprachen nicht oder nur unzuverlässig eingehalten. Wenn die

Zustimmung des Gegenübers jedoch sowohl verbal (inhaltlich), paraverbal (Stimmintonation) als auch nonverbal (körpersprachlich) zusammenpasst, so ist die Wahrscheinlichkeit hoch, dass die Kommunikation eindeutig und gelingend verlaufen ist.

Dieser Leitsatz hilft: **Offenheit schafft Offenheit.**

Hilfreiche Formulierungen zur Benennung eigener Irritation:
„Ich habe den Eindruck, dass ..."

- „Sie wirken (Gefühl benennen)."
- „Wie zufrieden sind Sie mit diesem Ergebnis auf einer Skala von 1–10, wobei 1 total unzufrieden und 10 hervorragend bedeutet?"

3.3 Kongruenz beruhigt

Aus der videobasierten Beratung (VHT & Marte Meo) wissen wir um den Effekt des Kommunikationselements „Benennen". Durch das Benennen sind wir in der Lage, die Bilder im Kopf unseres Gegenübers positiv zu beeinflussen. Wir schaffen Kongruenz/Stimmigkeit zwischen Handlungsinitiativen und gesprochenen Worten. Das gibt Sicherheit, schafft Vertrauen und kann eine beruhigende Wirkung auf unser Gegenüber haben (vgl. auch Aarts et al. 2023).

Es steht ein emotional angespanntes Elterngespräch an. Der Vater, Herr Meyer, kommt alleine zu diesem Gespräch und begrüßt die Fachkraft mit einem knappen und kalten „Hallo". Mehr nicht. Die Fachkraft begrüßt Herrn Meyer mit den Worten „Schön, dass Sie gekommen sind." In diesem Moment wird die Fachkraft von der einfallenden Sonne geblendet, die hinter Herrn Meyer durch die Fenster scheint. Die Fachkraft zieht reflexartig ihre Augenbrauen zusammen und spannt die Muskeln um ihre Augen stark an, um den Lichteinfall so gering wie möglich zu halten, um überhaupt noch etwas zu sehen. Sie entschließt sich, an Herrn Meyer vorbeizugehen, um die Rollläden des Fensters herunterzufahren. In diesem Moment weicht Herr Meyer hektisch zur Seite und entgegnet mit harscher Stimme: „Ey! Was soll das werden?!" Die Situation spitzt sich zu und die zuvor schon angespannte Stimmung steigert sich.

Durch die einfallende Sonne wurde die Fachkraft geblendet. Ihr Blick hat sich „verdunkelt" und wirkte bedrohlich auf Herrn Meyer. Die freundliche Stimme mit den Worten „Schön, dass Sie da sind" stimmte nicht mit ihrer Mimik überein. Die ohnehin angespannte Stimmung führte dazu, dass Herr Meyer auf jede zusätzlich bedrohlich wirkende verbale oder nonverbale Äußerung sensibel reagieren würde. Sicher war Herr Meyer schon vor dem Gespräch angespannt und unter Stress, sodass sein inneres Alarmsystem seinen Körper in Alarmbereitschaft versetzt und den Kampf- oder Flucht-Modus aktiviert hat.

Hätten die Fachkraft in diesem Fall die einfallende Sonne im Zusammenhang mit dem verdunkelten Blick benannt – „Jetzt muss ich meine Augen ganz schön zusammenkneifen, um Sie noch zu erkennen. Die Sonne hinter Ihnen blendet mich stark." – und im nächsten Schritt erklärt, dass sie nun an Herrn Meyer vorbeigehen werde, um die Rollläden zu schließen, dann wäre die Reaktion sicher eine andere gewesen.

Das Benennen unserer eigenen Empfindungen, Gedanken und Handlungen führt zu einer Kongruenz, die beruhigend wirken kann. Sicher kennst du dieses Phänomen aus der Politik. Je kongruenter Politiker:innen sich verhalten, desto vertrauensvoller wirken sie. Passen also die öffentlichen Aussagen von Politiker:innen mit ihren Taten überein, so entsteht Vertrauen. Das Gleiche gilt für Wahlplakate: Passen die Gesichter zur verbalen Botschaft auf dem Plakat?

Das Benennen der eigenen Handlungen kann uns in einen „Schritt-für-Schritt-Modus" bringen, der uns subjektiv Zeit verschafft und dadurch beruhigend wirken kann. Insofern ist das Benennen neben der Förderung einer kongruenten Kommunikation auch ein resilienzstärkender Aspekt (vgl. Loosli 2020, S. 44f.).

3.4 Das hätte ich besser nicht gesagt …

Im Folgenden findest du Worte und Sätze, die man besser nicht sagt, und konkrete Ideen, was du stattdessen sagen kannst.

„Ja, aber …"

Ein „Aber" kann das zuvor Gesagte abwerten und versucht, es durch ein besseres Argument zu ersetzen. Hier hilft eine leichte Veränderung in der Formulierung: „Ja. Und + Gedanke/Idee/Frage etc."

Ich verstehe dich …

Auf die Aussage „Ich verstehe Sie" einer Erzieherin hin wurde eine Mutter verbal ausfallend und ging die Fachkraft an: „Sie verstehen überhaupt nichts. Sie haben doch keine Ahnung und selber auch keine Kinder." Die Erzieherin war sichtlich getroffen von diesen Worten. Dabei wollte sie durch die Aussage ihr Verstehen mitteilen und einen guten Kontakt zur Mutter gestalten.

Tatsächlich können die Worte „Ich verstehe dich" dazu führen, dass unser Gegenüber eher verärgert oder wütend reagiert. Ein möglicher Grund könnte sein, dass das Gegenüber nicht ausreichend gehört wurde. **Um zu verstehen, ist es notwendig, nachzufragen und genau hinzuhören.** Verstehen ohne ausreichende Informationen von unserem Gegenüber ist kaum möglich. Unser Gegenüber spürt schnell, ob es sich um eine Floskel handelt oder wir gerade wirklich hinhören und verstehen wollen. Wenn wir nach (zu) wenigen Informationen ein „Verstehen" mitteilen, dann basiert dieses Verstehen meist auf dem Abgleich einiger weniger Informationen mit der eigenen Lebenswirklichkeit. Wir erstellen ein Bild, welches sich durch unsere eigenen Erfahrungen ergänzt. Und genau das ist es: Es ist unsere Wirklichkeit und nicht die Wirklichkeit unseres Gegenübers.

Folgende Fragen eignen sich, um besser verstehen zu können:

- ? **W-Fragen (was, wann, wo, wer, wie; Ausnahme: die Warum-Frage, siehe Seite 72, 122f.)**
- ? **Spiegeln einzelner (gehaltvoller) Wörter in fragender Stimmlage**
- ? **Paraphrasieren (das Gesagte mit eigenen Worten auf den Punkt bringen)**
- ? **Fragen nach oder Vermuten von Gefühlen und Bedürfnissen:**
  - **Bist du (Gefühl vermuten)?**
  - **Du wirkst (Gefühl vermuten).**
  - **Brauchst du (Bedürfnis vermuten)?**
  - **..., weil dir (Bedürfnis vermuten) wichtig ist.**

Eigene Geschichten

Schon ist es passiert und ganz sicher in bester Absicht: Wir hören jemandem zu und empfinden eine gewisse Sympathie. Auf einmal fällt uns eine eigene Geschichte ein, die zu der Situation unseres Gegenübers passt: „So-was habe ich auch schon mal erlebt. Das war schlimm ... das war so, also ..." Unser Gegenüber könnte nun denken: „Ach, spannend. Ich bin nicht alleine damit. Dir ist so etwas also auch passiert. Erzähl mir mehr!" Möglich wäre aber auch folgender Gedanke: „Jetzt hör mir doch einfach mal zu. Ich will jetzt nicht noch mehr Geschichten hören. Für heute reicht es wirklich ... Ich wollte einfach nur mal sagen, wie es mir geht. Ich hätte jetzt mal jemanden gebraucht, der mir einfach nur zuhört ... und nein, ich möchte keine gut gemeinten Ratschläge!"

Ganz wichtig: Empathie statt Sympathie! Wenn du den Eindruck hast, dass deine Geschichte ein „Gamechanger" für dein Gegenüber sein kann und genau das ist, was er oder sie gerade gebrauchen kann, dann hole dir die Erlaubnis/den Auftrag. Du könntest zum Beispiel fragen: „Mir fällt dazu eine ähnliche Geschichte ein. Möchtest du sie hören?" oder „Ich hätte dazu eine Idee. Möchtest du sie hören?"

Falls dein Gegenüber belastet scheint, dann bietet Hinhören, ohne eigene Geschichten zu erzählen, grundsätzlich die beste Entlastung. Häufig geht es einfach darum, das Erlebte auszusprechen, zu rekonstruieren und somit bewusst verarbeiten zu können. Dazu gehört auch die Wiederherstellung von Selbstwirksamkeit, wenn Situationen zuvor aus dem Ruder gelaufen sind und unser Gegenüber sich ohnmächtig fühlt. Eigene Ideen und Lösungen helfen der betroffenen Person in diesem Fall mehr, weil sie das Selbstwirksamkeitserleben stärken.

Die Warum-Frage

Das Fragewort „Warum" ist tückisch. **In den meisten Fällen versteckt sich hinter einem „Warum" ein Vorwurf oder eine Schuldzuweisung:** „Warum bist du schon wieder so sauer?" Auch wenn man grundsätzlich davon ausgeht, dass einem „Warum" eine verstehensorientierte Haltung zugrunde liegt, ist dieses Wort in einem Konflikt oder in herausfordernden Situation hinderlich (vgl. Wedewardt 2022, S. 52).

Das „Warum" richtet sich auf tiefliegende Motive und Bedürfnisse und fordert eine hohe Bereitschaft zur Selbstreflexion. In Stresssituationen ist diese Fähigkeit in der Regel aber stark eingeschränkt. Ein Grund, weshalb Kinder häufig auf ein „Warum?" mit „darum" reagieren.

Stattdessen bieten sich alle anderen W-Fragen an. Als Einstieg hat sich die Frage „Was ist los? Was ist passiert?" bewährt. Diese Frage erfordert keine Selbstreflexion, sondern bleibt im „Außen". Auch unter Stress können wir relativ gut sagen, was, wie, wann und wo geschehen ist.

Du bist ...

Diese Formulierung enthält in der Regel Zuschreibungen, Urteile, Vorwürfe, Vergleiche und Wertungen. Da kann es passieren, dass unser Gegenüber in den Widerstand geht, sich rechtfertigt, einen verbalen Gegenangriff startet oder versucht, aus der Situation zu entkommen. Nichts davon wäre hilfreich, um in angespannten Situationen einen verbindenden Kontakt herzustellen. Die Lösung ist nicht, eine reine Ich-Botschaft zu senden, denn die Ich-Botschaft kann ebenfalls eine versteckte Du-bist-Botschaft sein: „Ich finde, du bist …" Es geht darum, dass wir bei uns bleiben.

Eine Möglichkeit besteht darin, die Situation möglichst objektiv zu beschreiben und mitzuteilen, was sie mit uns macht. Durch diesen Einstieg weiß unser Gegenüber nun konkret, um welche Situation es sich handelt und wie es uns damit geht. Auf dieser Wissensbasis sind Widerstände, Rechtfertigungen oder verbale Gegenangriffe unwahrscheinlich. Sollte es dennoch passieren, dann hilft es, an dieser Stelle nachzufragen, was unser Gegenüber gehört hat. Oft kann es dann sein, dass hinter einer Beobachtung und Selbstoffenbarung ein Vorwurf vermutet wird. In diesem Fall kann es helfen, die eigene Absicht, also das eigene Bedürfnis und eine entsprechende Bitte, klar zu formulieren. Dabei ist es wichtig, dass wir aufrichtig kommunizieren, es uns also ehrlich um unser eigenes Bedürfnis geht und wir keinen versteckten Vorwurf formulieren.

Hinweis: **Wird eine Selbstoffenbarung als Vorwurf gehört, so ist es ein Anzeichen dafür, dass ein Beziehungskonflikt besteht.** Es lohnt sich zu überlegen, wie die Beziehung miteinander schöner werden kann, damit Selbstoffenbarungen künftig auch als solche angenommen werden können.

„Du tust jetzt, was ich dir sage!"

Vielleicht fühlen wir uns in einer Situation ohnmächtig und befürchten, die Kontrolle zu verlieren. Manchmal scheint es dann notwendig, energisch zu stoppen. Jedoch sind die Forderungen, die in aller Regel dann folgen, selten notwendig, geschweige denn hilfreich. Forderungen führen zu Unzufriedenheit bei unserem Gegenüber, weil auf diese Weise kein Nein akzeptiert und oft mit Strafe gedroht wird. **Wir verlieren Augenhöhe.**

Eine Kommunikation, die auf Bitte und Danke und der Akzeptanz eines Nein beruht wäre die Lösung. Aber ist das nicht utopisch? Führt das nicht dazu, dass am Ende niemand mehr etwas macht? Ja und nein. Wenn wir intrinsisch motiviert sind und unser Ziel, zum Beispiel im Berufsleben, kennen, dann werden wir kooperieren, um es zu erreichen. Wenn wir lediglich einen Job machen, um Geld zu verdienen, ohne die Sinnhaftigkeit dahinter zu erkennen, dann wird die Kommunikation möglicherweise dazu führen, dass niemand mehr etwas macht.

Hätte ich doch besser nichts gesagt …

Eine gute Idee! **Einen Moment zu schweigen bewirkt häufig mehr als das gesprochene Wort.** Für viele Menschen sind Gesprächspausen jedoch schwer auszuhalten. Sie erleben sie als unangenehm. Doch wer einmal die Wirksamkeit von Pausen erlebt hat und versteht, welche Möglichkeiten eine Gesprächspause dem Gegenüber bieten kann, wird sie geradezu lieben. Versprochen.

Stell dir vor, du hast einen sachlichen und faktenorientierten Menschen vor dir sitzen. Für diese Person kann eine Pause ein Moment zum Nachdenken und Analysieren sein. Ein Weitersprechen kann diese Person in ihrem Denkprozess stören, dem Gegenüber fehlt es dann zunehmend an Rücksicht im Gespräch. Jemand, der gerne Ideen entwickelt, wird Pausen möglicherweise als kurze Kreativpause verstehen und mit einer neuen Idee überraschen (siehe auch Seite 136).

ÜBUNG

Probiere in deinem nächsten Gespräch einmal aus, Pausen bewusst einzusetzen. Helfen kann es, dabei innerlich bis 10 zu zählen. Beobachte dein Gegenüber mit freundlichem Gesichtsausdruck, so bleibt die Pause angenehm.

4

GEWALTFREIE KOMMUNIKATION – IN VIER SCHRITTEN ZUR KONFLIKTLÖSUNG

WIE SCHÖN WÄRE ES, WENN WIR WORTE FÄNDEN, DIE UNS EINANDER NÄHERBRÄCHTEN und das Trennende in unseren Köpfen auflösten. Worte, die Gewalt verhindern und Bedürfnisse sichtbar werden lassen, die das Leben für alle Menschen schöner machen. Das ist es, worum es im folgenden Kapitel geht.

4.1 Was ist Gewaltfreie Kommunikation?

Die Gewaltfreie Kommunikation ist eine Methode, die auf Verständnis und Mitgefühl abzielt. Es wird davon ausgegangen, dass jedes Verhalten einen guten Grund hat. Verstehen wir den Grund bzw. das Bedürfnis hinter einem Verhalten, so können wir es gemeinsam verändern, sodass niemand inakzeptabel beeinträchtigt oder verletzt wird. Durch eine urteilsfreie Sprache werden Feindbilder und Urteile über andere Menschen aufgelöst. Im Kern ist es die verstehensorientierte Haltung, über die sich Gewaltfreie Kommunikation ausdrückt.

Im Zentrum der Gewaltfreien Kommunikation stehen Bedürfnisse. Bedürfnisse werden als Antreiber jedes menschlichen Verhaltens gesehen. Und das ist in der Konfliktbewältigung von wesentlicher Bedeutung. Denn es sind niemals die Bedürfnisse, die im Konflikt miteinander stehen, sondern die gewählten Strategien, die zur Bedürfniserfüllung gewählt werden, die unter Umständen die Bedürfnisse anderer zu stark einschränken.

Ein treffender Leitsatz an dieser Stelle: **Verstehen, aber nicht einverstanden sein.** Darum geht es. Diese Haltung würde sich etwa so anhören: „Ich sehe dein Bedürfnis, bin mit deinem Verhalten jedoch nicht einverstanden. Lass uns schauen, wie du dir dein Bedürfnis auf eine Art und Weise erfüllen kannst, die mich/uns weder beeinträchtigt noch verletzt."

Uns urteilsfrei und empathisch zu begegnen scheint einfach, ist aber nicht leicht umzusetzen. Rosenberg, der Gründer der Gewaltfreien Kommunikation, sieht unsere eigene Geschichte als Grund. Uns wurde nicht beigebracht, über das nachzudenken, was in uns lebendig ist. Uns wurde beigebracht, darüber nachzudenken, was Autoritätspersonen von uns halten. Bewerten sie uns als böse, falsch, inkompetent, faul oder egoistisch, dann werden sie uns womöglich bestrafen. Bezeichnen sie uns als artige kleine Mädchen und Jungen, gehorsame Schüler:innen und gute

Angestellte, dann werden wir vielleicht belohnt (vgl. Rosenberg 2006, S. 31). Dieses Denken verbindet uns nicht mit dem, was wir fühlen und brauchen, sondern ist auf die Bewertung und die Urteile anderer ausgerichtet.

Eine Seminarteilnehmerin berichtete, dass sie in ihrer Schulzeit große Angst davor hatte, eine Präsentation vor der ganzen Klasse zu halten. Sie wollte dem Lehrer trotz ihrer Angst gefallen und eine negative Beurteilung vermeiden: „Bloß nicht negativ auffallen." Der Druck war groß, sodass sie sich entschied, ihre eigenen Gefühle zu unterdrücken und die Präsentation irgendwie durchzuziehen. Sie schwitzte und hatte Herzrasen. Und sie erinnert sich gut daran, dass sie diese körperlichen Signale noch bemerkte, aber nicht darauf reagierte. Sie funktionierte einfach nur noch. Kurze Zeit später wurde ihr schwarz vor Augen und sie kippte um.

Es wird deutlich, dass Gewaltfreie Kommunikation mit der Art und Weise beginnt, wie wir mit uns selbst kommunizieren, und ob wir in der Lage sind, uns selbst empathisch wahrzunehmen. Gleichzeitig geht es um Selbstermächtigung und Eigenverantwortung. Denn die Verantwortung für die eigenen Bedürfnisse liegt bei uns und nicht bei den anderen. Nehmen wir unsere eigenen Bedürfnisse ernst? Wenn nicht, dann ist es schwer vorstellbar, dass es andere tun werden. Zu leben, um die Erwartungen anderer bedingungslos zu erfüllen, und dabei sich selbst nicht mehr zu spüren, hat wenig Lebendiges. Mehr noch, wir verlieren die Verantwortung für unser Leben. Wir führen aus. Wir funktionieren.

Bedürfnisse zu erkennen und zum Ausdruck zu bringen hat eine verbindende Wirkung. Es kann dazu führen, dass kriegerische Handlungen enden, weil verfeindete Gruppen ihren Fokus aktiv auf die Ursache von Gewalt legen – auf die eigenen unerfüllten und verletzten Bedürfnissen und die der anderen.

Ein Stammesanführer, der sich in einem jahrelangen Krieg mit einem anderen Stamm befand und an einer Mediation mit Marshall Rosenberg teilnahm, sagte: „Marshall, wir können das nicht an einem Tag lernen. Aber wenn wir auf diese Weise miteinander reden könnten, würden wir uns nicht mehr gegenseitig umbringen müssen" (Rosenberg 2006, S. 81).

4.2 Die vier Schritte der Gewaltfreien Kommunikation

Um einen leichten Zugang zu den vier Schritten der Gewaltfreien Kommunikation zu bekommen, möchte ich dir Norbert vorstellen. Norbert begleitet mich in fast allen Seminaren. Er stellt dir wertvolle Fragen und hilft bei der Formulierung gewaltfreier Botschaften.

Schritt 1:

Sicherlich fallen dir die Gedankenfalten auf der Stirn von Norbert auf. Gedanken, Urteile, Wertungen, Vergleiche, Vorwürfe und Meinungen sind schnell gebildet. Wir alle bewerten, und unser Nervensystem bewertet sogar ständig, ob eine Situation gefährlich oder sicher ist. Das ist auch grundsätzlich gut, damit wir überleben und auf Gefahren blitzschnell reagieren können. Aber: **In der Konfliktklärung sind Bewertungen eher hinderlich.** Sie stecken einen Menschen in eine Schublade und hindern uns an echter Verbindung zueinander. **Wichtig ist, die Beobachtung von der Bewertung zu trennen.** Das bedeutet: Alles, was in unserem Kopf an Gedanken, Meinungen, Urteilen etc. entsteht, dürfen wir ausblenden. Die Beobachtung beginnt bei den Augen und Ohren (insgesamt mit unseren Sinnen). Sie beschreibt alles, was ich sehen und hören kann. Vergleichbar mit einer Videokamera, die nur das wiedergeben kann, was sie aufgenommen hat. Eine Videokamera beurteilt nicht.

Eine Beobachtung erhöht bei meinem Gegenüber die Bereitschaft zu einem konstruktiven Dialog, wohingegen ein Urteil oder ein Vorwurf in der Regel Widerstände und Rechtfertigungen hervorruft. Hier beginnen häufig Argumentationen, die nach dem Konzept von „richtig" und „falsch" ausgetragen werden. Diese Herangehensweise verhindert jedoch, dass wir uns gegenseitig offen und wertfrei zuhören und verstehen können, was in uns lebendig ist.

Formuliere Beobachtungen statt Bewertungen.

Schritt 2:

Das Herz ist auf Verbindung eingestellt. Die Gefühle sind wie die Anzeigelämpchen in der Armatur eines Autos. Wenn diese Lämpchen leuchten, dann weisen sie uns darauf hin, dass ein Mangel besteht. Leuchtet das rote Lämpchen, so kann es auf geringen Ölstand hinweisen. Wir sollten also auf unsere Gefühle achten, denn sie weisen auf dahinterliegende Bedürfnisse hin. In der Kommunikation mit anderen ist es notwendig, Gefühle und Vorwürfe klar voneinander zu unterscheiden, damit die Bereitschaft zum Dialog und zur Klärung bestehen bleibt. Wenn ich sage „Ich fühle mich hintergangen", dann mache ich meinem Gegenüber den Vorwurf, mich zu hintergehen. Hier ist ein sogenanntes „Pseudogefühl" formuliert worden. Das wahre Gefühl dahinter würde sich über die Formulierung: „Ich bin" + Gefühl", etwa „Ich bin enttäuscht", ausdrücken.

Auf die Worte „Ich fühle mich ..." folgt häufig ein Vorwurf, Gedanke, Urteil oder ähnliches und selten ein echtes Gefühl. Nach dem Einstieg „Ich bin ..." folgt meist ein echtes Gefühl.

Der Gefühls- und Bedürfniskompass auf Seite 89 bietet eine differenzierte Auswahl an Worten für echte Gefühle und echte Bedürfnisse an.

Gefühlen einen Namen geben

Im Jahr 2007 hat Matthew Lieberman an der University of California, Los Angeles (UCLA), eine wissenschaftliche Studie durchgeführt, in der die beruhigende Wirkung des Benennens von Gefühlen nachgewiesen wurde. Lieberman hat Proband: innen in einem funktionellen Kernspintomographen (fMRT) untersucht. Dabei wurden ihnen Fotos von Menschen gezeigt, die ein Gefühl zeigen. Das fMRT zeigte deutlich, dass die Hirnregion für Gefühle, die Amygdala, deutlich an Aktivität zunahm, wohingegen die Aktivität im präfrontalen Kortex, die Region für rationales und lösungsorientiertes Denken, abnahm. Es liegt somit nahe, dass wir bei emotionalen Handlungen weniger rational agieren. Ein gutes Beispiel hierfür ist das Einkaufen oder „Shoppen". Selten kann die Notwendigkeit von zehn unterschiedlichen Handtaschen oder Armbanduhren rational begründet werden, während wir uns emotional mit dieser Entscheidung jedoch sehr wohlfühlen können.

Lieberman war in seiner Studie auch an der Gefühlsregulation interessiert und untersuchte, was passiert, wenn unter den Fotos unterschiedliche Gefühlsbegriffe auftauchen und die Probanden die wahrgenommenen Gefühle mit dem zutreffenden Gefühlswort in Verbindung bringen sollten. Das Ergebnis dieser Untersuchung war spannend: In dem Moment, als das richtige Gefühlswort angeklickt wurde, beruhigte sich die Amygdala wieder und der präfrontale Kortex nahm an Aktivität zu. Die Studie trägt den Titel „Putting Feelings Into Words" und belegt eindeutig, dass Gefühle, sobald sie in Worte gefasst werden, sich wieder beruhigen können. Wichtig war hierbei laut der Studie die Wortgenauigkeit für Gefühle. Diese Erkenntnis lässt sich im Alltag sehr gut zwischen den Generationen beobachten. Der Satz „Du wirkst erbost'" wird bei einem Jugendlichen möglicherweise auf weniger Resonanz stoßen als die Begrifflichkeit „angepisst" (vgl. Lieberman et al. 2007, S. 421ff.)

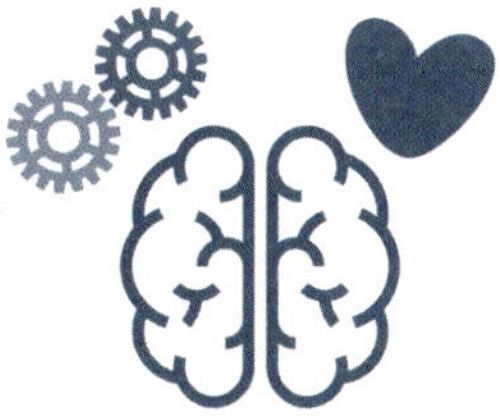

Unser Gehirn ist, stark vereinfacht gesagt, in zwei Hälften unterteilt: In der rechten Gehirnhälfte sind unter anderem die Gefühle verortet, logische und klare Denkprozesse hingegen in der linken (vgl. Siegel & Payne Bryson 2017, S. 33). Dominieren Gefühle, so ist die rechte Gehirnhälfte aktiv und will Beachtung im Kontakt. Es ist also ratsam, die aktive Gehirnhälfte anzusprechen und ihrem „Bedürfnis" nach Beachtung nachzukommen. Durch das Verbinden der eigenen rechten Gehirnhälfte mit der rechten Gehirnhälfte des Gegenübers beruhigen sich Gefühle und das Gehirn findet besser in Balance zurück, sodass im nächsten Schritt auch wieder die linke, logisch denkende Gehirnhälfte angesprochen und einbezogen werden kann (vgl. ebd., S. 43f.). Übertragen auf die vier Schritte der Gewaltfreien Kommunikation kann es hilfreich sein, mit dem Gefühl zu beginnen, dieses zu benennen und erst dann über die logisch denkende und klärende Gehirnhälfte die Beobachtungen, Bedürfnisse und Bitten zu ergründen.

Benenne echte Gefühle statt Vorwürfe.

Schritt 3:

Die Schnecke im Bauch steht für unsere Bedürfnisse. Bedürfnisse sind nach Rosenberg unsere eigentliche Motivation. Alles, was wir tun, tun wir aus einem Bedürfnis heraus. Hier entsteht Klarheit. „Menschen, die nicht mit ihren Bedürfnissen in Kontakt sind, geben gute Sklaven ab" (Rosenberg 2006, S. 31). Wenn wir nicht spüren, was wir brauchen, und einfach nur ausführen, was uns gesagt wird, dann verlieren wir uns in Routinen, die mit unserem Leben nicht viel zu tun haben.

Die Bedürfnisse sind in jedem Moment bemüht, unser Handeln auf Erfüllung auszurichten. Die Erfüllung von Bedürfnissen ist demnach die Erfüllung des Lebens. Fehlt der achtsame Blick auf die Anzeigelämpchen im Auto (unsere Gefühle), dann bleiben wir früher oder später auf der Strecke. Einfach weitermachen wie zuvor ist dann keine Option mehr. Bildhaft gesprochen kann die Fahrt ohne Öl zu einem Motorschaden führen.

Um Gefühle und Bedürfnisse wahrzunehmen, braucht es Empathie. „Einfühlsame Verbundenheit ist ein Verstehen des Herzens, bei dem wir die Schönheit im anderen Menschen sehen, seine göttliche Kraft, seine Lebendigkeit. (...) Nicht intellektuelles Verstehen ist das Ziel, sondern empathische Verbundenheit" (ebd., S. 54). Daneben vergleicht Rosenberg die Empathie mit dem Surfen. Es geht in beiden Fällen darum, mit einer bestimmten Kraft in Kontakt zu kommen (vgl. ebd., S. 55f.).

Benenne Bedürfnisse statt Strategien.

Schritt 4:

An dieser Stelle gehen wir bildhaft „für unsere Bedürfnisse los". In der Gewaltfreien Kommunikation wird hier eine Bitte formuliert. Die Bitte unterscheidet sich von einer Forderung. Eine Bitte kann abgelehnt werden und ermöglicht somit unserem Gegenüber, die eigenen Bedürfnisse zu achten. Denn ein Nein ist an dieser Stelle als ein Ja zu den eigenen Bedürfnissen zu verstehen (siehe auch Seite 30). Hier wird es notwendig, neben der eigenen Bitte auch die Bereitschaft zu haben, die Bedürfnisse des Gegenübers zu hören und in die gemeinsame Lösung einzubeziehen.

Das Wörtchen „weil"

Das Wort „weil" kann die Wahrscheinlichkeit der Erfüllung einer Bitte um bis zu 34 Prozent erhöhen. Dabei ist es unerheblich, ob dem „Weil" eine echte oder fiktive Begründung folgt. In der Gewaltfreien Kommunikation lässt sich das Bedürfnis als Begründung einer Bitte formulieren. Ellen Langer von der Harvard Universität veröffentlichte 1978 eine Studie, bei der die Wirksamkeit von Bitten bei drei Möglichkeiten ausgewertet wurde. Das Szenario: Wartende Menschen vor dem Kopierer.

Die forschende Person fragte sinngemäß:

- **Frage ohne Begründung: Dürfte ich bitte vor, um Kopien zu machen? 60 Prozent waren einverstanden.**
- **Frage mit echter Begründung: Dürfte ich bitte vor, um zu kopieren, weil ich es eilig habe? 94 Prozent waren einverstanden.**
- **Frage ohne echte Begründung: Dürfte ich bitte vor, weil ich Kopien machen muss? 93 Prozent waren einverstanden. (vgl. Langer 1978, S. 635ff.)**

Formuliere eine Bitte statt einer Forderung. Dein Gegenüber hat immer die Wahl, Nein zu sagen, wenn unsere Bitte zur inakzeptablen Beeinträchtigung wichtiger Bedürfnisse führt.

Zusammenfassung der vier Schritte

Schritt 1: Benenne eine Beobachtung – Was konntest du sehen, hören, über deine Sinne wahrnehmen?

Schritt 2: Benenne ein echtes Gefühl. Hilfreich dabei ist die Formulierung „Ich bin …" statt: „Ich fühle mich …"

Schritt 3: Beschreibe oder benenne dein Bedürfnis. Hier geht es nicht darum, was du konkret tun möchtest, sondern allgemeiner um das, was du brauchst.

Schritt 4: Formuliere eine positive, konkrete und jetzt erfüllbare Bitte.

Die drei Richtungen Gewaltfreier Kommunikation

Wir können mithilfe der Gewaltfreien Kommunikation eine empathische Verbindung zu uns selber aufbauen, die sogenannte Impathie oder Selbsteinfühlung (siehe Seite 41f.). So können wir in den Selbstausdruck gehen und dadurch für unsere Bedürfnisse und deren Erfüllung einstehen. Und wir haben die Möglichkeit, unser Gegenüber durch empathisches Hinhören besser zu verstehen, um gemeinsam eine Lösung zu finden. Übrigens lassen sich Vorwürfe auf diese Art wunderbar in Gefühle und Bedürfnisse übersetzen.

Impathie/Selbsteinfühlung

Beobachte deine Gedanken

Welches **Bedürfnis** ist gerade unerfüllt?
Worum geht es dir gerade wirklich?

Welches **Gefühl** ist jetzt gerade präsent?

Wo in deinem Körper fühlst du es?
Was möchtest du jetzt konkret tun?
Was wäre ein erster kleiner Schritt?
Wer könnte dir noch helfen?

Selbstausdruck

Wenn ich sehe ... Wenn ich höre ... dann bin ich *(Gefühl einfügen)*

____

Weil mir *(Bedürfnis einfügen)*

________________ fehlt.

Weil ich *(Bedürfnis einfügen)*

________________ brauche.

Handlungsbitte: Ich bitte dich ... (konkret, positiv formuliert und jetzt erfüllbar).

Beziehungsbitte: Wie geht es dir damit?

Verständnisbitte: Kannst du mir bitte sagen, was du verstanden hast?

Empathisch hinhören

Was ist los? Was ist passiert? Wiederhole das Gesagte mit eigenen Worten. Spiegele einzelne Wörter.

Bist du *(Gefühl einfügen)*

________________ ?

Du wirkst *(Gefühl einfügen)*

________________ .

Brauchst du gerade *(Bedürfnis einfügen)*

________________ ?

Fehlt dir *(Bedürfnis einfügen)*

________________ ?

Was würdest du jetzt gerne tun?
Was würde dir helfen?
Wie können dir andere helfen?
Ich hätte eine Idee. Magst du sie hören?

4.3 Der Gefühls- und Bedürfniskompass

Der Gefühls- und Bedürfniskompass basiert auf der Grundidee des Motivkompasses von Dirk Eilert (2021) sowie eigenen Erfahrungen aus Deeskalations- und Konflikttrainings, Trainings zur Gewaltfreien Kommunikation sowie der Konfliktbegleitung von pädagogischen Teams und meiner Arbeit als VHT-Coach. Bedürfnisse schaffen Klarheit und ermöglichen gegenseitiges Verstehen. Somit ist in jeder Konfliktklärung der erste Schritt niemals die Lösung von Konflikten, sondern vielmehr das gegenseitige Verstehen von Beweggründen, Motiven und Bedürfnissen.

Erst auf dieser Grundlage werden tragfähige gemeinsame Lösungen möglich. Dabei geht es um mehr als nur einen Kompromiss. Bei einem Kompromiss verlieren alle Seiten etwas. Es geht vielmehr um die Möglichkeit, alle wichtigen Bedürfnisse in einer Lösung zu berücksichtigen, damit die größtmögliche Zufriedenheit auf allen Seiten und somit idealerweise ein Konsens vereinbart werden kann.

Der Gefühls- und Bedürfniskompass teilt sich in **vier große Bedürfnisfelder** auf:

1. Autonomie und Durchsetzung
2. Beziehung und Harmonie
3. Sicherheit
4. Kreativität und Leichtigkeit

In der Mitte steht dabei die Wut, hinter der sich weitere Gefühle eröffnen, die eine mögliche Richtung zu den Bedürfnisfeldern weisen. Es soll deutlich werden, dass hinter jeder Wut immer auch weitere Gefühle stecken, wie zum Beispiel Trauer, Schuld, Scham, Angst, Ekel, Frust, Ärger oder Langeweile. Im äußeren Bedürfnisfeld lassen sich nun weitere Gefühlsbegriffe ableiten. Je konkreter ein Gefühl benannt wird, desto größer ist die Resonanz im Gespräch. Die Wortgenauigkeit ist hierbei entscheidend. Unter den Gefühlsworten befinden sich nun mögliche Bedürfnisse, um die es im Kern geht. Auch hier ist die Wortgenauigkeit entscheidend.

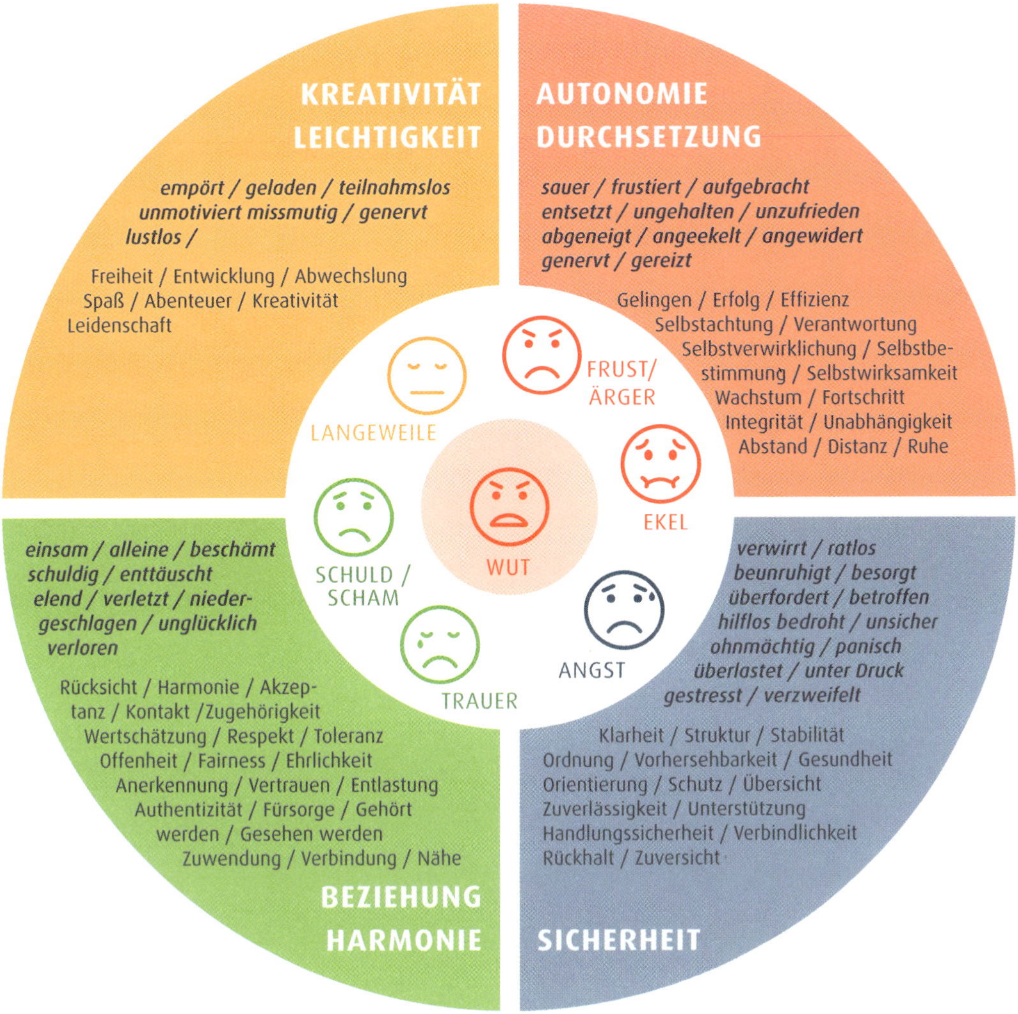

Download Als PDF-Download erhältlich

Die einfache Grundannahme ist, dass hinter einer Angst die Bedürfnisecke Sicherheit aktiv ist, hinter Ärger und Ekel die Bedürfnisecke Autonomie und Durchsetzung steht, hinter Langeweile Kreativität und Leichtigkeit stecken und sich hinter Trauer, Schuld und Scham ein Beziehungsbedürfnis verbirgt. Die differenzierten Gefühlsbegriffe helfen dabei, das Gefühl „auf den Punkt" zu bringen. So ist zum Beispiel jemand nicht direkt ängstlich, würde aber auf die Gefühlsfrage „Bist du beunruhigt?“ mit Zustimmung reagieren. Gleiches gilt für die darunterliegenden Bedürfnisworte. Auch hier ist es wichtig, dass jemand vielleicht nicht direkt das Bedürfnis nach Beziehung als zutreffend empfindet, sondern das Bedürfnis nach Anerkennung im Fokus steht, welches sich wiederum im Bedürfnisfeld Beziehung und Harmonie befindet (vgl. Eilert 2021).

Wichtig ist auch, dass wir uns der Sprache unseres Gegenübers anpassen: Ein dreijähriges Kind zu fragen, ob es das Bedürfnis nach Selbstwirksamkeit hat, würde kaum Resonanz hervorrufen. Hier bietet es sich an, die Begriffe zu übersetzen. Selbstwirksamkeit könnte mit den Worten „Du möchtest das selber machen?“ erfragt werden.

Dieser Kompass erhebt keinen Anspruch auf Vollständigkeit. Gefühle und Bedürfnisse können unter Umständen auch in anderen Bedürfnisfeldern auftauchen. Er soll in erster Linie helfen, in einen empathischen und einfühlsamen Kontakt mit uns selbst und unserem Gegenüber zu kommen.

Der Gefühls- und Bedürfniskompass befasst sich ausschließlich mit unangenehmen Gefühlen. Der Vollständigkeit halber müsste es auch einen Gefühls- und Bedürfniskompass geben, der die angenehmen Gefühle abbildet. Auf diesen Teil habe ich jedoch verzichtet, da wir in Konflikten in der Regel mit unangenehmen Gefühlen konfrontiert sind.

ÜBUNG

Diskutiert gemeinsam im Team, welche Bedürfnisse für die Kinder in der Kita am wichtigsten sind. Sucht euch diese Bedürfnisse heraus und formuliert sie in altersgerechter Sprache. Zum Beispiel wäre das Bedürfnis „Erfolg“ übersetzbar mit: „Du möchtest das unbedingt schaffen.“

5

MITEINANDER STATT GEGENEINANDER – AGGRESSIONEN ACHTSAM BEGEGNEN

AGGRESSIONEN WERDEN HÄUFIG MIT GEWALT GLEICHGESETZT. Hier braucht es jedoch ein anderes Verständnis, denn sonst ist es kaum möglich, konstruktiv mit Aggressionen umzugehen. Gewalt lehnen wir als inakzeptables Verhalten ab, weil es andere verletzt. Um mit Aggressionen umgehen zu können, müssen wir zwischen konstruktiven und destruktiven Aggressionen unterscheiden. Denn Menschen, die versuchen, ihre Bedürfnisse zu erfüllen, und dabei auf einem gewissen Aggressionslevel stehen, nutzen in dieser Situation die ihnen zur Verfügung stehenden Möglichkeiten. Sie brauchen nun vor allem eines: Ein Gegenüber, das mit ihnen in Kontakt geht und bleibt, um Wege zu finden, die die persönlichen, rechtlichen und institutionellen Grenzen sowie die Bedürfnisse aller Beteiligten achten.

5.1 Was sind Aggressionen eigentlich und wie entstehen sie?

„Aggression kommt aus dem Lateinischen und leitet sich von den Worten ‚ad' (voran) und ‚gradi' (schreiten) ab. In diesem Sinne meint Aggression zunächst nichts weiter als voranschreiten" (Focali 2011, S. 28). Bauer (2011) unterscheidet zwischen konstruktiv und destruktiv gelebter Aggression: „Erfolgreich kommunizierte Aggression ist konstruktiv. Aggression, die ihre kommunikative Form verloren hat, ist destruktiv" (ebd., S. 63). Konstruktiv gelebte Aggression darf somit als eine starke, antreibende Kraft wertgeschätzt und anerkannt werden. Sie zielt auf die Erfüllung von Bedürfnissen ab und ist grundsätzlich nicht zerstörerisch. Destruktive Aggression entsteht, wenn eine Person keine andere Möglichkeit zur Bedürfniserfüllung mehr zur Verfügung hat. Somit steckt hinter destruktiver Aggression, also verletzenden Verhaltensweisen, immer eine Ohnmacht, Hilflosigkeit und empfundene Machtlosigkeit.

Wenn wir kleine Kinder beobachten, die auf ein soziales Hindernis stoßen, dann können wir verletzendes Verhalten (Schubsen, Hauen, Beißen) beobachten. Das Ziel ist klar: Sie wollen das Hindernis beseitigen und ihr Bedürfnis in diesem Moment erfüllen. Destruktive Aggressionen und Gewalt drücken einen Mangel an friedlichen Lösungsmöglichkeiten aus.

Marshall Rosenberg (2013) hat drei Faktoren benannt, die gewaltbereites oder mitfühlendes Handeln begünstigen:

1. Die Sprache, die uns vermittelt wurde
2. Die Art zu denken und zu kommunizieren, die uns beigebracht wurde
3. Die spezifischen Strategien, die wir gelernt haben, um uns und andere zu beeinflussen (ebd., S. 6)

Im SAM-Konzept (Systemisches Aggressions-Management) werden Aggressionen in zwei Bereiche unterteilt. Einmal die konstruktiven Aggressionen; diese reichen von der Erwartung, Enttäuschung, von Frust/Ärger bis zur Wut.

Wut ist es immer dann, wenn sie nicht verletzt. Wichtig dabei ist, dass die Empfangenden von Wut entscheiden, ob es verletzt hat oder nicht.

Auf der anderen Seite gibt es den Bereich destruktiver Aggressionen. Die Sachgewalt umfasst die Schädigung von materiellen Werten, die höchste Form ist der Vandalismus. Die Personengewalt weist auf alle Reaktionsweisen hin, die von Menschen ausgeht und Menschen schädigt. Die höchste Form ist die Tötung eines Menschen. Die Zerstörung von Lebewesen, also Pflanzen und Tieren werden der Personengewalt ebenso zugeordnet. Der Selbstgewalt werden alle Verhaltensweisen, die gegen den Menschen selbst gerichtet sind, zugeordnet. Die höchste Form der Selbstgewalt ist die Selbsttötung. Jegliches Rückzugsverhalten ist an keine Erwartungen gekoppelt. Es wird dem Rückzug zugeordnet und die höchste Form ist die Erstarrung oder auch Katatonie genannt (vgl. SAM-Concept 2018, S. 18).

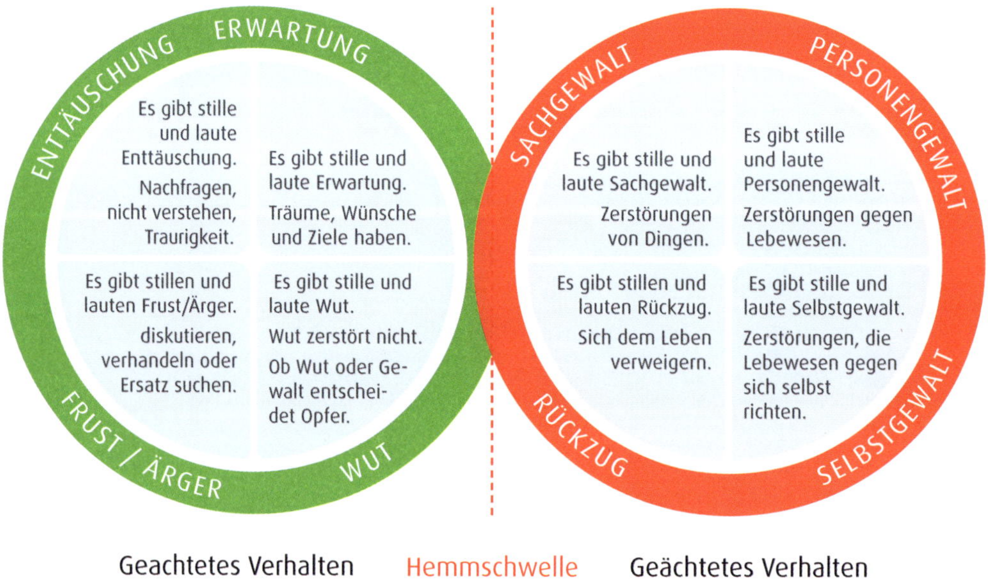

(SAM-Concept 2018, S. 35)

Mithilfe der AggressionsAcht nach Dirk Schöwe können wir Verhalten besser einordnen und Aggressionsdynamiken leichter nachvollziehen:

Mit der **Erwartung** tritt ein Zustand ein, der auf die Erfüllung eines Bedürfnisses ausgerichtet ist. Die Erwartung ist verbunden mit der Annahme, bei sich selbst bzw. in der Umwelt Veränderung erlangen zu können. **Typische Sätze der Erwartung** können sein: „Ich erwarte ..., ich erhoffe ..., ich wünsche ..., ich träume von ..., es wäre schön, wenn ..."

Wird davon ausgegangen, dass die Erwartung unerfüllt bleibt, entsteht Angst in unterschiedlichen Ausprägungen wie Befürchtung oder Unsicherheit. Diese Angst provoziert die nächste Aggressionsstufe: die Enttäuschung. **Typische Sätze einer Enttäuschung** können sein: „Aber ich habe mir doch ..., aber ich wollte ..., das hätte ich nicht erwartet ..., jetzt bin ich aber traurig ..., du hast mir doch versprochen ..."

Führt auch die ausgedrückte Enttäuschung zu keiner Veränderung/zu keinem Erfolg, so folgt die nächste Stufe: **Frust/Ärger**. Hier entstehen Trotzreaktionen und strategische Vorgehensweisen mit dem Ziel der Bedürfniserfüllung. **Typische Sätze bei Frust/Ärger** können sein: „Das mach ich nicht mehr mit ..., ich will es trotzdem ..., wir könnten doch auch ..., du bist nicht mehr meine Freundin ..."

Bleiben die Aktionen auch auf dieser Stufe erfolglos, so setzt die Wut ein. Wut erfordert mit noch intensiverer, aber nicht zerstörerischer Qualität das Erwartete ein. In der höchsten Form der Wut findet auch die Angst ihren Höhepunkt. **Typische Wut-Sätze** können sein: „Ich haue jetzt ab ..., das halte ich nicht mehr aus ..., ich will sofort reden ..., ich sage jetzt gar nichts mehr ..."

Lassen sich die Bedürfnisse mit konstruktiven Aggressionen nicht erfüllen, werden die Hemmungen aufgehoben und die Schwelle zu den destruktiven Aggressionsphasen überschritten. Mit jeder nächstschwierigeren Phase auf der AggressionsAcht geht der Bezug zum eigentlich Bedürfnis verloren. Das Ziel gerät aufgrund zunehmender Ohnmacht aus dem Fokus. Im SAM wird Gewalt mit Ohnmacht gleichgesetzt. Die destruktiven Aggressionsphasen werden somit auch Ohnmachtsphasen genannt.

Bei der Begleitung aus der destruktiven Aggression zurück in die konstruktive Aggression wird ein neuer Ressourcenblick möglich. Jemand, der von der Personengewalt zurück in die Sachgewalt geht, hat innerhalb des „geächteten Verhaltens" (destruktive Aggressionen) einen Erfolg erreicht (vgl. SAM-Concept 2018, S. 19ff.).

Die vierjährige Maja steht morgens auf und möchte sich selber ein Brot für die Kita schmieren. Ihre Mama hat jedoch die Vesper schon vorbereitet, damit es schneller geht. Maja sagt zu ihrer Mutter enttäuscht: „Aber ich wollte das doch selber machen ..." Sie putzt ihre Zähne, zieht sich selber an, packt ihren Rucksack und versucht, ihn alleine aufsetzen. Der Rucksack will nicht so recht auf ihren Rücken, sie zieht und zerrt daran. Majas Mama steht unter Zeitdruck, und es dauert ihr zu lange. Sie sagt: „Ich helfe dir mit dem Rucksack, dann geht es schneller und wir können los." Maja nimmt die Hilfe ihrer Mutter zähneknirschend an, ihr Gesicht signalisiert deutlichen Frust. Sie steigt schnaubend ins Auto. In der Kita angekommen will Maja ihre Jacke ausziehen, doch dann klemmt der Reißverschluss; sie ist ärgerlich. Die Erzieherin eilt ihr zur Hilfe und löst den Reißverschluss. Maja freut sich überhaupt nicht über die Unterstützung, sondern geht mit finsterem Blick in die Gruppe. Dort angekommen setzt sich Maja in die Bauecke und beginnt, einen großen Turm zu bauen. Ben gesellt sich dazu und sagt: „Ich helfe dir dabei." Maja wird wütend. Sie schreit Ben an: „Geh weg! Du darfst nicht mitspielen!" Ben schaut Maja erschrocken an und beginnt zu weinen.

Oft heißt es, dass starke Aggressionen aus dem Nichts gekommen seien. Klar ist, dass es Faktoren gibt, die einen Einfluss darauf haben, wie wir unsere Aggressionen ausleben. Einige Menschen sind sehr schnell in der Wut oder überschreiten die Grenze zur Gewalt regelmäßig. Faktoren wie Selbstregulationsfähigkeit, Stressempfinden, eingebrannte Konfliktmuster, Konflikttypen, verfügbare Handlungsstrategien, Reflexionsfähigkeit, Entwicklungsphase, Gehirnentwicklung, Konflikterfahrungen, Vorbilder, Risikofaktoren, Charakter, Temperament, Glaubenssätze, unbewusste Erinnerungen etc. beeinflussen dabei das Verhalten (vgl. Hohmann 2021, S. 31; vgl. Wedewardt & Hohmann 2021, S. 40).

Maja wurde erst spät wütend. Sie hat zuvor einige Male versucht, sich ihre Bedürfnisse nach Autonomie und Selbstwirksamkeit auf anderen Aggressionsstufen zu erfüllen. Zu Anfang war sie enttäuscht und hat dies auch mitgeteilt, später war sie frustriert und äußerte dies über ihre Mimik und ein empörtes Schnauben, und dann war sie ärgerlich, was wiederum an ihrer Mimik abzulesen war. Maja konnte jedoch ihre Bedürfnisse auf diese Weise nicht erfüllen. Letztlich wurde sie wütend. Sie schrie Ben an und konnte erstmals an diesem Tag für ihre Bedürfnisse wirksam einstehen. Hier zeigt sich, dass Wut, auch wenn sie laut ist, immer noch eine konstruktive Aggression ist, die darauf ausgerichtet ist, für das eigene unerfüllte Bedürfnis einzustehen. Maja bedient sich ihrer in diesem Moment der Anspannung zur Verfügung stehenden (friedlichen) Handlungsstrategien. Sicher wird sie im Laufe ihres Lebens weitere Handlungsstrategien erlernen, um für ihre Bedürfnisse einzustehen. Gleichzeitig liegt diesem Beispiel die gelingende Kommunikation konstruktiver Aggression zugrunde.

Konstruktive Aggressionen wertzuschätzen und die friedlichen Bemühungen zur Erfüllung eigener Bedürfnisse grundsätzlich zu respektieren, ist wichtig, um mit hitzigen Situationen umgehen zu können. Das schließt die Wut unbedingt mit ein. Wird einem Menschen der friedliche Weg der Bedürfniserfüllung verwehrt oder verfügt dieser über keine entsprechend friedlichen Handlungsmöglichkeiten, so kann sich die Wut in eine Ohnmacht hineinsteigern und in den destruktiven Aggressionsbereich übergehen.

Damit Aggressionen konstruktiv gelebt werden können, ist eine achtsame und verbindende Kommunikation elementar, um gemeinsam neue Lösungen zu gestalten, die den Rahmen der Möglichkeiten (siehe Seite 102) berücksichtigen.

5.2 Mit Aggressionen umgehen

„Ich kann dich nicht mehr sehen!" – Hin und wieder passiert es, dass Menschen diesen Satz denken oder aussprechen. Die Selbstoffenbarung dahinter: Ich bin nicht mehr in der Lage zu erkennen, was du brauchst. Ich sehe nur noch meine Urteile, Vorwürfe und Schuldzuweisungen in Bezug auf dich, aber ich habe die Verbindung zu dir verloren. Deine Gefühle, Bedürfnisse und Wünsche sind mir unzugänglich geworden.
Und dann passiert es, dass nur noch Strafen als wirksam erscheinen (z.B. Auszeiten, Beschämungen). Dahinter stecken jedoch eine große Hilflosigkeit und Ohnmacht. Es scheint oft ein letzter verzweifelter Versuch, den eigenen drohenden Kontrollverlust irgendwie abzuwenden. Strafen basieren auf dem Konzept von Schuld und sind zur Konfliktklärung oder Konfliktbegleitung absolut ungeeignet und auch im Kita-Bereich rechtlich unzulässig (vgl. Hohmann 2022, S. 4).
Um konstruktiv mit Aggressionen umgehen zu können, ist es wichtig, aufmerksam für die Signale unseres Gegenübers zu sein und mit den Signalen in Verbindung zu gehen. Aufmerksamkeit und Verbindung sind wichtige Grundpfeiler für die Beziehungsgestaltung. Stille Erwartungen, Enttäuschungen, Frust und Ärger sowie Wut können sich wortlos ausdrücken. Verpassen oder ignorieren wir diese kommunikativen Initiativen, können sich Aggressionen steigern und verletzende Formen annehmen.

Vor einiger Zeit durfte ich eine Spielsituation zwischen Kai, einem Jungen im Autismus-Spektrum, und Benjamin, einer pädagogischen Fachkraft, filmen: Kai versuchte sich an einem Steckspiel, das Benjamin für ihn vorbereitet hatte. Der Platz, an dem sich die beiden befanden, war reizarm und reduziert gestaltet und das Spiel so aufgebaut, dass Kai nur noch in die Box mit den Stäbchen greifen und dann die Stäbchen in die entsprechenden Löcher stecken musste.
In der Videoanalyse wurde sichtbar, dass Kai einen kurzen Moment in seiner Handlung stockte und seinen Blick für eine halbe Sekunde auf Benjamin richtete. Der Erzieher reagierte sofort und sagte: „Brauchst du Hilfe? Ich helfe dir." Darauf folgte eine unterstützende Handlung Benjamins, sodass Kai die Stäbchen nun eigenständig in das Spiel stecken konnte.
Benjamin berichtete in der gemeinsamen Videorückschau, dass Kai in Spielsituationen regelmäßig tritt und schlägt. Daraus leiteten wir ab, dass dieser kurze Blick die bisher einzige gewaltfreie Möglichkeit von Kai war, sich Hilfe zu holen. Scheiterte dieser Versuch, so wurde Kai unruhig und zeigte verletzende Verhaltensweisen.
Das Ziel an dieser Stelle war klar: Die pädagogischen Fachkräfte erhöhten ihre Aufmerksamkeit in den Situationen, in denen es bisher häufiger „knallte", um frühzeitig und prompt auf die kommunikativen Initiativen von Kai zu reagieren, und überlegten sich weiterführend Möglichkeiten, mit denen sich Kai im Alltag gewaltfrei Hilfe holen konnte.

Es war schön zu sehen, wie die hohe Aufmerksamkeit Benjamins und seine prompte Reaktion auf den Blick von Kai eine friedliche Spielsituation ermöglichten. Die Aufmerksamkeit und die Verbindung mit unserem Gegenüber stellen grundsätzlich ein entscheidendes Element dar. Wenn es im pädagogischen Alltag gelingt, auch stille Signale zu erkennen und sich damit zu verbinden, dann beugen wir einer drohenden Hilflosigkeit unseres Gegenübers vor, und verletzende Verhaltensweisen können verhindert werden.

Um mit Aggressionen wirksam umzugehen, ist es zudem wichtig, urteilsfrei im Kontakt zu sein. Hierfür eignet sich die Eröffnungsfrage: „Was

ist los? Was ist passiert?" Diese Frage verschafft uns Zeit und ermöglicht uns, die Geschichte hinter der Aggression besser zu verstehen. Unser Gegenüber spürt keine Abwertung durch ein Urteil, sondern ist eingeladen zu erzählen. An dieser Stelle können wir das Erzählte in ein Bedürfnis übersetzen (siehe Gefühls- und Bedürfniskompass, Seite 89). Von nun an wird die gemeinsame Gestaltung neuer Lösungen möglich. Jede Diskussion ist an dieser Stelle herzlich willkommen und ein Teil des Entwicklungs- und Gestaltungsprozesses. Keine Diskussion wäre hier genau das falsche Signal. Diskussionen ermöglichen Entwicklung.
Für eine selbstwirksame Lösungsgestaltung bietet sich das **Du-Wir-Ich Prinzip** an:

- „Was kannst du jetzt tun?"
- „Können wir dich unterstützen?"
- „Kann ich dich unterstützen?"

Das Du-Wir-Ich Prinzip folgt der Überzeugung: Die besten und nachhaltigsten Lösungen sind immer die eigenen. Es klingt einfach, und das ist es auch. Wenn wir davon ausgehen, dass das Verhalten eines Menschen grundsätzlich der bestmögliche Versuch ist, sich ein Bedürfnis zu erfüllen, dann wird deutlich, dass der Schlüssel zur Lösung im Bedürfnis liegt.

Mit der Zeit, durch Übung und Beziehung wird es leichter, Signale zu erkennen und mit Konflikten umzugehen. Und trotzdem bleiben sie herausfordernd. Es handelt sich um bildungsrelevante Alltagsinteraktionen, die eine hohe Relevanz für den weiteren Entwicklungsverlauf des Kindes haben. Und so sind Konflikte immer auch Teil und nicht Gegensatz einer Kooperation (vgl. Haug-Schnabel 2020, S. 29).

Vielleicht hast du oder habt ihr im Team selbst schon einmal die Möglichkeit einer Konfliktbegleitung erlebt – im Rahmen von Mediation oder Supervision. Wir alle haben es im Miteinander immer wieder mit Differenzen zu tun, die zu Konflikten werden können, und bei denen wir hin und wieder auf Unterstützung angewiesen sind. Bezogen auf Konflikte dürfen wir also milde mit uns und unseren Mitmenschen sein. Es ist und bleibt eine stetige Herausforderung, deren erfolgreiche Bewältigung wir gemeinsam feiern dürfen.

Es sollte also nicht das pädagogische Ziel sein, Konflikte zu vermeiden, sondern diese ruhig und lösungsorientiert zu begleiten. Die eigene Ruhe und Kraft in schwierigen Situationen können sich beruhigend auf unser Gegenüber auswirken, sodass es selbst zu eigener Stabilität und Beruhigung zurückfindet (ebd., S. 27).

Wiederholen sich Konflikte regelmäßig und ohne für uns erkennbaren Grund, bietet sich eine Fallbesprechung mit dem gesamten Team an. Die Sicht aller Beteiligten auf ein Verhalten eröffnet grundsätzlich neue Perspektiven und dadurch neue Ideen (siehe dazu Kapitel 6.6).

Grenzen kommunizieren

„Kinder brauchen Grenzen, sonst würden sie sich grenzenlos verhalten und es fehlt an Orientierung" lautet eine weitverbreitete Meinung. Aber was sind Grenzen eigentlich? Lea Wedewardt und Kathrin Hohmann stellen fest, dass Grenzen dort beginnen, wo Bedürfnisse missachtet werden. Grenzen können körperlich und psychisch sein, wobei die körperlichen Grenzen leichter wahrnehmbar sind (Wedewardt & Hohmann 2021, S. 71f.). Dabei sind einige unserer persönlichen Grenzen nicht erklärbar, nicht einmal für uns selbst. Sie sind einfach da (vgl. Juul 2013, S. 31). Das macht es dann auch schwierig zu verstehen, wovon Menschen sprechen, wenn sie sich für „Grenzen" aussprechen. Grenzen werden vor allem dann deutlich, wenn sie verletzt werden. Grenzverletzungen entstehen dort, wo die körperliche oder seelische Integrität und das Wohlbefinden bedroht sind (vgl. Focali 2011, S. 90). Es geht also weniger darum, ob wir Menschen Grenzen brauchen, denn Grenzen sind grundsätzlich vorhanden. Vielmehr geht es um die Frage, wodurch es uns gelingt, Grenzen zu erkennen und klar zu kommunizieren.

Dabei möchte ich eine Unterscheidung zwischen begrenzendem Verhalten und Grenzen treffen. Im **linken Bild** wird ein Mensch von anderen Menschen begrenzt. Er wird zu einem gewünschten Verhalten gedrängt. Hier findet keine Abstimmung statt.

Sätze, die mit

- Du darfst ...
- Du musst ...
- Du solltest ...

beginnen und Verhaltensweisen, die geprägt sind von Belohnung oder Bestrafung, sind hierfür typisch.

Rahmen der Möglichkeiten

Die Bedürfnisse und guten Gründe für Verhaltensweisen finden kaum oder keine Beachtung. Diese Art zu begrenzen missachtet Bedürfnisse und verhindert eine wechselseitige und gleichwürdige Kommunikation. Sie beschreibt den Zustand, wenn zum Beispiel Fachkräfte Macht über Kinder ausüben statt ihre Macht mit den Kindern zu teilen. Ein Nährboden für destruktive Aggressionen: **Druck erzeugt Gegendruck!**

Das **rechte Bild** hingegen beschreibt den Rahmen der Möglichkeiten, in dem persönliche, rechtliche und institutionelle Grenzen klar benannt und dadurch geachtet werden können. Innerhalb dieses Rahmens ist jeder Mensch grundsätzlich frei. Der Gestaltungsraum für neue Möglichkeiten und Lösungen liegt in diesem Rahmen. Er ist geprägt von Rücksichtnahme,

Gleichwürdigkeit, Klarheit und bietet zudem Orientierung. „Um zu lernen, Grenzen wahrzunehmen und mit ihnen umzugehen, ist es wichtig, die Grenzen aller Beteiligten zu benennen, klar zu kommunizieren, zu verbalisieren und zu achten" (Wedewardt & Hohmann 2021, S. 77).

Die Kommunikation von Grenzen gestaltet sich ohne Appell, ohne verdeckte Vorbehalte und Selbstkritik; sie ist anderen gegenüber frei von Kritik und Herablassung. Erklärungen sind kurz, klar und aufrichtig, nicht manipulierend und nicht so formuliert, dass sie überzeugen sollen (vgl. Juul 2013, S. 31). Wenn uns dieses Selbstverständnis in der Kommunikation von Grenzen gelingt, dann wird es im Miteinander leichter.

Grenzen benötigen regelmäßige Abstimmungsprozesse, geprägt durch eine Frage-Antwort-Dynamik: „Ist das ok?"; die Antwort lautet dann entweder „Ja" oder „Nein". Diese Abstimmungsprozesse gehören im Miteinander grundsätzlich dazu, wenn wir gleichwertig und gleichberechtigt miteinander umgehen wollen. So ein Abstimmungsprozess, bezogen auf die Grenzen anderer, ist vergleichbar mit dem Ortungssystem von Fledermäusen. Sie senden permanent Ultraschallwellen in ihre Umgebung, um sich zu orientieren. Diese Schallwellen treffen auf „Grenzen" in der Umwelt und werden zurückreflektiert. So erkennt die Fledermaus Grenzen und kann Abbilder ihrer Umwelt erstellen, die ihr als Orientierung dienen. Übertragen auf unseren gemeinsamen Alltag bedeutet das, dass wir Grenzen durchaus wiederholend kommunizieren müssen, damit sie von anderen erkannt und geachtet werden (können).

Im Folgenden möchte ich die **rechtlichen, persönlichen** und **institutionellen, nicht verhandelbaren Grenzen** etwas genauer vorstellen:

Der gesetzliche Rahmen

§ 1631 Abs. 2 BGB

Kinder haben ein Recht auf gewaltfreie Erziehung. Körperliche Bestrafungen, seelische Verletzungen und andere entwürdigende Maßnahmen sind unzulässig.

Artikel 2 GG

Jeder hat das Recht auf die freie Entfaltung seiner Persönlichkeit, soweit er nicht die Rechte anderer verletzt und nicht gegen die verfassungsmäßige Ordnung oder das Sittengesetz verstößt.
Jeder hat das Recht auf Leben und körperliche Unversehrtheit. Die Freiheit der Person ist unverletzlich. In diese Rechte darf nur auf Grund eines Gesetzes eingegriffen werden.

Artikel 24 EU-Grundrechtecharta

Kinder haben Anspruch auf den Schutz und die Fürsorge, die für ihr Wohlergehen notwendig sind. Sie können ihre Meinung frei äußern. Ihre Meinung wird in den Angelegenheiten, die sie betreffen, in einer ihrem Alter und ihrem Reifegrad entsprechenden Weise berücksichtigt.
Bei allen Kinder betreffenden Maßnahmen öffentlicher oder privater Einrichtungen muss das Wohl des Kindes eine vorrangige Erwägung sein.

Die **persönlichen Grenzen** sind sehr individuell. Es gibt körperliche (z.B. Berührungen) und psychische Grenzen (z.B. Angst auslösende Situationen) oder eigene Überzeugungen und Werte. Ob ein bestimmtes Verhalten eine persönliche Grenze überschreitet, das entscheidet grundsätzlich die betroffene Person selbst (sofern sie frei und sicher für sich sprechen kann). „Du Vollidiot" kann, je nach Beziehung, neckend oder grenzüberschreitend und verletzend wirken. An dieser Stelle bietet sich folgende Teamübung an:

REFLEXION

1. Jedes Teammitglied schreibt eine Situation in Stichpunkten auf einen Zettel und ordnet diese Aufzeichnung auf einer „Gewaltskala" ein (0 = keine Gewalt bis 10 = extreme Gewalt).
2. Im Anschluss darf jede Person die Situationen neu zuordnen, frei nach subjektiver Einschätzung – dabei reicht die eigene Sichtweise als Begründung.
3. Die Gruppe geht in eine Diskussion: Das Ziel besteht darin, eine einheitliche Einstufung zu entwickeln (Je kritischer die Diskussionen und Differenzen, desto besser.)

Auflösung: Letztlich ist es kaum möglich, einen Konsens herzustellen, und entscheidend wird in der Praxis die Frage sein: Empfinde ich diese Situation als Gewalt oder nicht?

Der oft gut gemeinte Rat „Es brauche ein dickes Fell" ist nicht wirksam und keinesfalls ratsam, wenn die persönlichen Grenzen regelmäßig verletzt werden. Gewalt und Übergriffe sind immer destruktiv und sollten niemals heruntergespielt oder als „Teil des Jobs/Lebens" hingenommen werden. Was Teams tun können, um einander auf allen Ebenen bestmöglich nach psychischen oder physischen Übergriffen zu unterstützen, beschreibt Kapitel 6.8.

Institutionelle Grenzen sind Gegebenheiten im Außen, auf die wir (zumindest situativ) keinen Einfluss haben und die unsere Auswahl an Strategien zur Erfüllung unserer Bedürfnisse begrenzen. Sie zu benennen hilft, den Rahmen an Möglichkeiten zu sehen. So begrenzen zum Beispiel die Wände eines Zimmers die Möglichkeiten an Strategien innerhalb dieses Raumes. Politische Grenzen durch einen vorgegebenen Personalschlüssel oder personelle Engpässe durch Krankheit wirken ebenfalls begrenzend.

> Eigene Grenzen sind körperlich und psychisch und werden zum Beispiel durch rechtliche und institutionelle Grenzen ergänzt. Grenzen sind nicht verhandelbar. Sie bieten Orientierung im Miteinander.

Regeln

Regeln haben die Aufgabe, das Zusammenleben zu erleichtern und schöner zu machen. Dabei können Regeln auch dazu beitragen, bestehende Grenzen zu schützen. Sie bieten somit Orientierung, sind aber – anders als Grenzen – verhandelbar. Regeln sollten gemeinsam mit allen Beteiligten entwickelt und vereinbart werden, sowohl in der Kita-Gruppe, im Team, in Teambesprechungen, in einem Konfliktgespräch oder einem Elterngespräch. Sie sollten regelmäßig auf ihre Sinnhaftigkeit hin überprüft und, wenn notwendig, gemeinsam aktualisiert werden.

> Leitspruch: So viele Regeln wie nötig und so wenige wie möglich.

Werden Regeln nicht kommuniziert, bedeutet das nicht, dass es sie nicht gibt. Oft sind es unausgesprochene Regeln, sogenannte Routinen, die ihre Gültigkeit haben. Für „Neulinge" sind diese unausgesprochenen Regeln nur schwer zu erkennen und unnötiges Konfliktpotenzial. Idealerweise überlegt sich das Team, ob eine völlig fremde Person, ein neues Kind oder ein neues Teammitglied die Regeln erkennen kann und bessert an dieser Stelle, wenn nötig, nach.

Bewährt haben sich auch visuelle Gruppenregeln, die mithilfe von Bildern oder Symbolkarten kenntlich gemacht sind. Zu achten ist hierbei auf die positive Handlungssprache/Bilder/Symbole von gewünschten Situationen. Wir bedienen somit das „Ja-Gehirn". So heißt es anstatt „Nicht mit Stiefeln in den Gruppenraum!" besser „Bitte Stiefel vor dem Gruppenraum ausziehen" (vgl. hierzu auch Wedewardt 2022, S. 76ff.).

Letztlich haben Regeln und Grenzen dennoch etwas gemein: Beide sorgen dafür, dass das Zusammenleben schön bleibt. Während Grenzen nicht verhandelbar sind, bieten Regeln durchaus Raum für Diskussionen im Sinne der Partizipation – und so können Regeln hinterfragt und, wenn nötig, gemeinsam verändert werden. Auch Ausnahmen von der Regel bestätigen die Regel.

REFLEXION

Hilfreiche Fragen zur Teambearbeitung

- ? Welche Regeln haben wir im Team?
- ? Welche Regeln machen unseren Gruppenalltag leichter und schöner?
- ? Welche Regeln erleichtern unsere Teambesprechungen?
- ? Welche Regeln machen Elterngespräche leichter und schöner?
- ? Welche Regeln sind hilfreich in Kritik- und Konfliktgesprächen?
- ? Von welchen Regeln möchten wir uns verabschieden?
- ? Welche Regeln wollen wir neu verhandeln?
- ? Welche Regeln fehlen uns?

5.3 Strategien zur Prävention destruktiver Verhaltensweisen

Im pädagogischen Alltag gibt es Situationen, von denen wir bereits im Vorfeld wissen, dass sie herausfordernd werden. Ob es die Spielsituation ist, in der Kevin regelmäßig andere Kinder schlägt, das Elterngespräch mit dem Vater, der eine sehr kurze „Zündschnur“ hat, oder das Reflexionsgespräch mit der einen Kollegin, das regelmäßig aus dem Ruder läuft und auf persönlicher Ebene verletzend wird. Am liebsten würden wir diese Situationen vermeiden. Viel wichtiger und wirksamer aber ist es, unser Handeln präventiv und vorausschauend so zu verändern, dass es gar nicht erst zu destruktiven Verhaltensweisen kommen muss. Und auch, wenn es einmal zu verletzendem Verhalten gekommen sein sollte, so gibt es Möglichkeiten, um destruktive Aggressionen zu deeskalieren (siehe Kapitel 5.4).

Eine beruhigende Atmosphäre schaffen

„Auf der Suche nach Sicherheit" – so ließe sich unser ständig aktives Nervensystem beschreiben (siehe Kapitel 2.1). In Bruchteilen von Sekunden scannt unser Nervensystem eingehende Reize auf Bedrohung und Gefahr. Das geschieht unbewusst und umgeht unser langsames denkendes Gehirn. Die folgende Abbildung beschreibt die verschiedenen **Phasen der Reaktion** bei wahrgenommener Sicherheit, Bedrohung oder Lebensgefahr:

In Alarmbereitschaft versetzt, reagieren Menschen unter Umständen aus dem Flucht- oder Angriffsmodus (siehe Seite 22). Übertragen auf Gespräche können sich verbale Fluchtstrategien zum Beispiel in Form von Ausreden, Leugnungen oder Rechtfertigungen zeigen. Der verbale Angriffsmodus beinhaltet unter anderem Anschuldigungen, Vorwürfe, Herabwürdigungen und Beleidigungen.

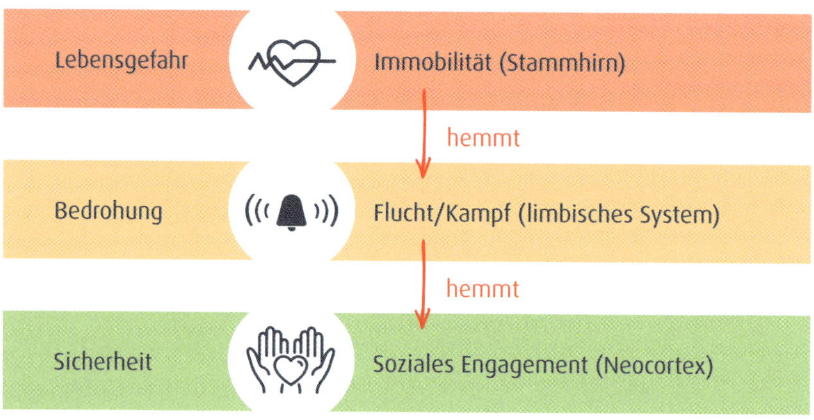

Die Antwort auf die Frage, wodurch eine Gesprächssituation möglichst viel Sicherheit vermitteln kann, ist somit elementar für den Erfolg. Hier kann das Wissen um den Effekt von „Priming" hilfreich sein. „Der Begriff beschreibt die Tatsache, dass Worte, Bilder oder Szenen beim Menschen zu einer inneren Voraktivierung führen, die seine nachfolgenden Verhaltensweisen in einer bestimmten Weise beeinflussen" (Bauer 2018, S. 99). Die Worte „Freude", „Offenheit", „Motivation" könnten ein angekündigtes Gespräch begünstigen, wohingegen die Begriffe „Krisengespräch", „Anstrengungen", „Konsequenzen" ein eher angespanntes und angestrengtes Gespräch erwarten lassen. Am Ende tritt vielleicht Erleichterung ein, wenn es „gar nicht so schlimm war wie befürchtet", jedoch wäre diese Erleichterung schon mit der Gesprächseinladung zu realisieren und würde Sicherheit geben.

Gleiches gilt für die Raumauswahl und Raumgestaltung. Ist in einem Raum „dicke", verbrauchte Luft, die Sitzordnung konfrontativ, sind die Stühle unterschiedlich (Chefsessel und kleiner Holzstuhl), der Raum um die Gesprächspersonen beengend oder weit, die Bilder im Raum neutral, motivierend oder beängstigend? All diese Dinge gilt es zu beachten, um möglichst angenehme Eindrücke zu schaffen, die zu einer entsprechenden positiven inneren Voraktivierung unseres Gegenübers führen.

Es lohnt sich, selbst den „Gesprächsrahmen" vorher bewusst abzuscannen. Das gelingt, wenn wir uns gedanklich und räumlich in die Position unseres Gegenübers versetzen und einfach mal die Situation auf uns wirken lassen. Zusätzlich können folgende Fragen hilfreich sein:

CHECKLISTE GESPRÄCHSVORBEREITUNG

Einladung

- ? Ist die Einladung neutral oder positiv formuliert?
- ? Ist das Thema/der Gesprächsanlass benannt, sodass mein Gegenüber sich auf das Gespräch vorbereiten kann?
- ? Ist der Zeitrahmen klar kommuniziert?
- ? Habe ich das Einverständnis meines Gegenübers für dieses Gespräch erhalten?
- ? Ist der Weg bis zum Gesprächsraum bekannt?
- ? Kann mein Gegenüber mich auch kurzfristig bei unvorhergesehen auftretenden Störungen kontaktieren (Telefonnummer bekannt)?
- ? Weitere Punkte:

Raum

- ? Ist der Raum gelüftet?
- ? Ist der Raum ausreichend hell?
- ? Hängen neutrale oder positive Bilder an der Wand?
- ? Sind die Pflanzen im Raum liebevoll gepflegt?
- ? Ist der Raum ordentlich und sauber?
- ? Ist für alle Personen ausreichend Platz (Freiheit statt Enge)?
- ? Ist die Sitzanordnung zugewandt und offen statt konfrontativ?
- ? Sitzen alle Beteiligten auf gleichen und bequemen Stühlen?
- ? Liegen auf dem Tisch ausschließlich gesprächsrelevante Gegenstände (wie Blätter und Stifte zum Mitschreiben, die Gesprächsvorbereitung und das Protokoll)?

- ? Ist das bevorzugte Getränk meines Gegenübers vorbereitet (Kaffee, Tee, Wasser, Saft)?
- ? Weitere Punkte:

Störungen

- ? Ist an der Tür ein „Bin im Gespräch"-Schild gut sichtbar platziert?
- ? Sind Telefon und Handy auf stumm geschaltet (sofern möglich)?
- ? Werden zu erwartende Störungen zu Beginn des Gesprächs benannt?
- ? Sind To-Do-Listen aus dem Sichtfeld entfernt, zum Beispiel in einer Schublade?

Eigene Gedanken vor Gesprächsbeginn

- ? Sind meine Gedanken auf ein gelingendes Gespräch ausgerichtet (siehe Reframing, Seite 54ff.)?

Eigene Gefühle vor Gesprächsbeginn

- ? Was fühle ich? Anspannung und Angst oder bin ich ruhig und zuversichtlich (siehe „Stress überträgt sich …", Seite 64)?
- ? Das hilft mir, um im Gespräch ruhig zu bleiben:

Begrüßung

An diesem Ort (Eingang Kita, Eingang Besprechungsraum etc.) empfange ich mein Gegenüber:

Mit diesen Worten möchte ich mein Gegenüber begrüßen:

Eine Kita-Leitung berichtet, dass sie die Einladungen zu Elterngesprächen vor einiger Zeit veränderte und damit eine deutlich entspanntere Atmosphäre geschaffen hat. Was war passiert? Sie benennt nun in der Gesprächseinladung sowie zu Beginn des Gesprächs alle Gesprächspunkte. Grund dafür war die Annahme, dass einige Eltern in der Vergangenheit bis zum Schluss des Gesprächs unter Anspannung gestanden hatten, weil sie vermuteten, dass nach all dem Positiven am Ende doch noch etwas Negatives auf sie warten würde.

Diese Anspannung teilen wohl die meisten Menschen. Grund hierfür ist aus meiner Sicht die Angst auslösende Feedbackregel: „Sage erst etwas Positives, damit das Negative erträglicher wird." Mittlerweile kenne ich diese Feedbackregel unter der Bezeichnung: Kirsche-Kaktus-Kirsche (siehe Seite 115). Dieser Aufbau von Feedback ist jedoch weder ehrlich noch verbindend, sondern erzeugt Misstrauen bis hin zu Angst vor Feedbackgesprächen. Wir alle haben Angst davor be- oder verurteilt zu werden. Auf den Seiten 115–117 findest du Anregungen, wie Feedback angstfrei und ehrlich formuliert werden kann.

Umgang mit Widerständen im Gespräch

Die beste Gesprächstechnik nützt nichts, wenn wir unser Gegenüber nicht verstehen wollen. Alle Techniken sind wirkungslos, wenn das Interesse an unserem Gegenüber und den guten Gründen für sein Verhalten/seine Widerstände nicht vorhanden ist. Ehrliches Interesse und die Absicht, das Gegenüber verstehen zu wollen, sind die Grundlage, um mit Verweigerungen und Widerständen konstruktiv umgehen zu können.

Widerstände auf großer Bühne

Bei einer Rede wird US-Präsident Obama von einem jungen Mann aus dem Publikum unterbrochen. Obama versucht auf die Einwände des jungen Mannes zu antworten, aber dieser lässt sich nicht unterbrechen und spricht weiter. Als der Präsident erneut antwortet und versucht, dem jungen Mann zu widersprechen, beginnt dieser, seiner Forderung lautstärker und im Sprechgesang Nachdruck zu verleihen. Er will gehört werden und aktiviert andere Menschen aus dem Publikum, die mit einstimmen.
Der Sicherheitsdienst (stellvertretend für den Kampf-Modus) will den Mann gerade aus dem Saal führen, als Obama ihn auffordert, das nicht zu tun. Der Präsident erhält Applaus von den umstehenden Menschen für diese Entscheidung.
Obama erklärt nun: „Ich respektiere die Leidenschaft dieser jungen Menschen." Und weiter geht er auf das Gefühl ein, das er herausgehört hat. An dieser Stelle bleibt der junge Mann ruhig. Obama kann nun seine Sicht auf die Situation schildern und führt an, dass sie beide dasselbe Ziel verfolgen, also denselben Nenner haben, und lediglich unterschiedliche Herangehensweisen nutzen. Obama orientiere sich an der Demokratie und

dem geltenden Recht, um dieses Ziel zu erreichen. Hier benennt er klar den Rahmen der Möglichkeiten, innerhalb dessen eine Lösung gestaltet werden kann.

Das Vorgehen in Stichpunkten:

- **Ich sehe dich in dem, was du fühlst**
- **Ich sehe dein Bedürfnis/deine Werte**
- **Gemeinsamen Nenner herausstellen**
- **Unterschiedliche Herangehensweisen benennen**
- **Grenzen deutlich kommunizieren (in diesem Rahmen liegen die Möglichkeiten)**
- **Verhandlung: Lass uns gemeinsam schauen, was möglich ist**

Zum Video
www.sozialundstark.com/impulse

In vielen Konflikten geht es um Respekt und Wertschätzung. Respekt stammt von dem lateinischen Wort „re-spicere" ab und bedeutet Rücksichtnahme. Wenn Menschen weder gehört, gesehen noch wahrgenommen werden in ihren Gedanken, Gefühlen, Bedürfnissen und Werten, dann werden Widerstände entstehen. Diese Widerstände sorgen dafür, dass die eigenen Bedürfnisse nicht einfach übergangen, sondern nach Möglichkeit erfüllt werden – die Austragungsart kann von einem stillen bis hin zu einem lauten und gewaltvollen Widerstand reichen.

Wenn wir unsere Ziele, Vorstellungen und Vorhaben auf Biegen und Brechen durchsetzen, ohne unsere Mitmenschen einzubeziehen, dann werden wir letztlich versuchen, die zwischenmenschlichen Beziehungen zu biegen und zu brechen. In Situationen, in denen wir ein Miteinander anstreben, sind Wertschätzung und Respekt, das Gesehen- und Gehörtwerden unerlässlich. Das beginnt mit der Situation in der Kita, in der das Kind noch unbedingt den Turm zu Ende bauen möchte, bevor es bereit ist, sein Spiel zu beenden. Oder es handelt sich um den Kollegen, der gerade frisch aus der Ausbildung gekommen ist und dem bevorstehenden Elterngespräch mit

Sorge und Angst entgegensieht. Die eigenen Vorstellungen und Ziele auf Biegen und Brechen durchzusetzen und auf die Umsetzung zu drängen, wird wenig erfolgversprechend sein. In beiden Beispielen möchte unser Gegenüber gehört und gesehen und gleichzeitig mit Wertschätzung und Respekt behandelt werden. Erst unter dieser Grundvoraussetzung lassen sich Lösungen gestalten, die in ihrer Umsetzung nachhaltig und vor allem beziehungsstärkend wirken.

Das bedeutet auch, die eigenen Bedürfnisse hinter der eigenen Vorgehensweise zu klären. Wenn der „gemeinsame Nenner" als Grundlage dienen soll, dann ist es notwendig, herauszufinden, welche Bedürfnisse und Werte hinter dem eigenen Ziel stehen, um diese auch benennen zu können.

Gewaltfrei und konstruktiv Kritik formulieren

An dieser Stelle möchte ich mit einem Mythos aufräumen: Regelmäßig begegnet mir eine ganz spezielle Art „gut gemeinter Kritik", und ich finde sie beängstigend und oberflächlich. Ich nenne sie „Kirsche-Kaktus-Kirsche". Es funktioniert so: Ich formuliere erst etwas Positives wie ein Lob, dann etwas Negatives, also die Kritik, und zum Abschluss wieder ein bestärkendes Lob. Dieses Vorgehen ist insofern dramatisch, weil es Kritik grundsätzlich negativ belegt und Lob als etwas Positives darstellt. Beides sind Annahmen, denen ich widerspreche. Kritik ist konstruktiv und gewaltfrei, wenn sie eine Beobachtung und keine Wertung beinhaltet.

Es geht hier um „die Kunst, schwierige Botschaften zu überbringen". Und das gelingt am besten, wenn Urteile herausgenommen werden, sodass es nur noch um „die Kunst, Botschaften zu überbringen" geht. Ein kleiner Unterschied mit großer Wirkung. Urteile, Vorwürfe, Vergleiche, Wertungen und Zuschreibungen können schmerzhaft und bedrohlich wirken. Und bedrohliche Situationen können bei uns Menschen den bekannten Flucht- oder Kampf-Modus aktivieren. Beides ist für ein konstruktives Gespräch nicht hilfreich.

Bevor Kritik mitgeteilt werden kann, ist es notwendig, dass die Kritik auf den Punkt gebracht wird, es also klar ist, worum es eigentlich geht. Als Vorbereitung auf ein Kritikgespräch eignet sich das der Prozess der Selbsteinfühlung (siehe Kapitel 2.4). Aus diesem Grund lohnt sich die Vorbereitung einer Kritik. Mit etwas Übung ist dieses Verfahren alltagstauglich und auch einfach anzuwenden.

VORBEREITUNG EINER KRITIK

Schritt 1: Die Vorbereitung des Kritikgesprächs

1. Selbsteinfühlung: Hier geht es zuerst einmal um die Klärung der eigenen Gedanken, Bedürfnisse und Gefühle. So bleibst du bei dir, vermeidest Vorwürfe, Urteile, Wertungen und Vergleiche und kannst kurz, knapp und voller Klarheit um ein Gespräch bitten.

2. Einladung: Nutze hierzu einen ruhigen Moment, in dem du dein Gegenüber einladen kannst. Kündige das Thema mit einer kurzen Beobachtung der Situation an (ein bis zwei Sätze) und erfrage dann die Bereitschaft zum Gespräch. Ort und Zeit für ein mögliches Gespräch bieten zusätzlich Orientierung und erleichtern die Entscheidung für dein Gegenüber.
Wichtig: Die freiwillige Teilnahme an einem Kritikgespräch ist die Voraussetzung dafür, dass der Weg frei ist für gemeinsame, konstruktive Lösungen. Im Alltag bedeutet Freiwilligkeit auch Nachhaltigkeit für die entwickelten Lösungen.

Schritt 2: Die Formulierung:

1. Beobachtung formulieren: Mache dich frei davon, „schwierige Botschaften" zu kommunizieren, und fokussiere auf die Kommunikation von Beobachtungen. Dabei hilft die Vorstellung einer Videokamera: Sie gibt nur das wieder, was sie aufgenommen hat, was wir also sehen und hören konnten. Faustregel: ein bis drei Sätze.

2. Das eigene Bedürfnis: An dieser Stelle schaffst du Klarheit. Worum geht es dir konkret? Denke daran, dass Höflichkeit an dieser Stelle irritierend wirken kann; es geht um Ehrlichkeit und Offenheit. Nach dem Leitsatz: Offenheit schafft Offenheit.

3. Die Bitte/Frage: Die Bitte ist in diesem Fall ein konkreter Vorschlag mit anschließender Frage nach der Bereitschaft. Die Frage kann allgemein und offen formuliert sein. Sollte unser Gegenüber ablehnen, dann suchen wir nach weiteren Möglichkeiten und hören genau hin.

Jetzt bleib mal sachlich!?

Lösungsorientiertes Denken und sachliche Argumentationen sind in einem Zustand größerer Erregung nicht mehr möglich. Aus diesem Grund ist die Forderung „Jetzt lass uns mal sachlich bleiben!" in den allermeisten Fällen wirkungslos. Es ist wichtig zu erkennen, ob unser Gegenüber emotional oder rational mit uns im Kontakt ist. Bei starken Erregungszuständen geht es dann nicht vorrangig um Lösungen, sondern darum, mit den Gefühlen unseres Gegenübers in Kontakt zu kommen. Zusätzlich ist es wichtig eine sichere Atmosphäre zu schaffen, diese bietet die Basis, damit auf kognitiver Ebene konstruktive Diskussionen, Klärungen und Lösungen möglich werden.

Leitsatz: Emotion vor Kognition!

Ein wirkungsvoller Weg zu einer konstruktiven Konfliktlösung liegt in dem Ansatz **„Verbinden und Umleiten"**:

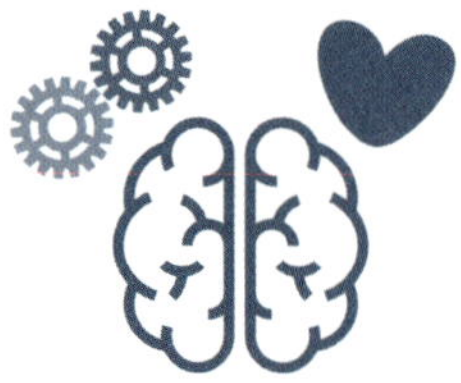

Schritt 1 bedeutet die Verbindung mit der rechten Gehirnhälfte, zum Beispiel durch nonverbal mitschwingende Signale, empathischen Gesichtsausdruck, eine fürsorgliche Stimmlage und urteilsfreies Hinhören.

Schritt 2 integriert nach dem empathischen Empfang die lösungsorientierten Gedanken. Eine Vereinbarung über einen guten Zeitraum zur Klärung des Problems spricht die linke Gehirnhälfte an. An dieser Stelle könnte auch die Suche nach Erklärungen und ein „sachlich-rationales" Gespräch (vgl. Siegel & Payne Bryson 2017, S. 41ff.) möglich werden.

Die Gewaltfreie Kommunikation (siehe Kapitel 4) stellt mit der sachlichen Beobachtung (linke Gehirnhälfte), Gefühlen und Bedürfnissen (rechte Gehirnhälfte) sowie Bitten (linke Gehirnhälfte) eine dynamische Verbindung zwischen beiden Gehirnhälften her, sodass während eines Gesprächs immer wieder die aufkommenden Gefühle und Bedürfnisse empfangen und in konkrete Beobachtungen und Lösungsansätze umgeleitet werden können. Diese Art der Kommunikation gleicht somit einem Tanz und bindet beide Gehirnhälften entsprechend ein.

Vorwürfe-Übersetzer

Vorwürfe sind schnell ausgesprochen und haben eine trennende Wirkung. Sind wir in der Lage, die Bedürfnisse hinter einem Vorwurf zu hören, so ist es möglich, Vorwürfe nicht mehr persönlich zu nehmen, sondern als Selbstoffenbarung des Gegenübers zu sehen. Mit dem Bedürfnis verbunden, lässt sich mit einem Vorwurf leichter und vor allem zielführender im Miteinander umgehen. Voraussetzung ist, dass wir bereit sind, genau hinzuhören.

Vorwurf: „Du bist viel zu laut."
Mögliche Reaktion: „Ich bin überhaupt nicht laut. Wir unterhalten uns in einem normalen Ton. Wenn dir das nicht passt, dann kannst du ja woanders hingehen."
Der Vorwurf übersetzt: „Ich brauche gerade etwas Ruhe, um mich konzentrieren zu können."

Zu diesem Thema habe ich eine Gruppe von pädagogischen Fachkräften befragt: Welche Vorwürfe hören Sie häufig in der Praxis? Diese Vorwürfe haben wir dann gemeinsam in mögliche Bedürfnisse übersetzt und im folgenden Vorwürfe-Übersetzer festgehalten:

Vorwurf	**Mögliches Bedürfnis**
Du arbeitest so viel.	Gemeinsame Zeit, Fürsorge, Sicherheit, Nähe
Du bist viel zu lasch mit den Kindern.	Fürsorge, Struktur, Sicherheit, Klarheit, Abgrenzung
Du trödelst.	Zeit, Rücksicht, Verlässlichkeit, Vorankommen, Fortschritt, Unterstützung
Du kannst doch nicht so lange nur mit einem Kind kuscheln.	Gerechtigkeit, Fürsorge, Verstehen, Unterstützung
Du bist unzuverlässig.	Verlässlichkeit, Sicherheit, Struktur, Effizienz, Effektivität
Du bist inkonsequent und unstrukturiert.	Sicherheit, Verlässlichkeit, Struktur, Klarheit, Vertrauen, Ordnung
Du hast ein schlechtes Kommunikationsverhalten.	Rücksicht, Augenhöhe, Klarheit, Respekt, Verstehen, Beteiligung
Die trinken doch den ganzen Tag nur Kaffee.	Klarheit, Fürsorge, Verstehen, Sicherheit, Vertrauen
Du hast doch selber gar keine Kinder.	Wertschätzung, Verstandenwerden, Verbindung, Verständnis, Augenhöhe

Vorwurf	Mögliches Bedürfnis
Da ist ständig Chaos in der Gruppe, wenn sie mit den Kindern arbeitet.	Struktur, Ordnung, Sicherheit, Verstehen, Rücksichtnahme
Das funktioniert vielleicht in der Theorie, aber nicht in der Praxis.	Selbstwirksamkeit, Anerkennung, Wertschätzung, Verständnis, Unterstützung, Entlastung, Hilfe
Die Kinder verweichlichen, wenn du so mit ihnen sprichst.	Wachstum, Lernen, Eigenverantwortung, Fürsorge
Du lässt dich von den Kindern herumkommandieren.	Kontrolle, Fürsorge, Eigenverantwortung, Abgrenzung
Mann, bist du emotional!	Entspannung, Entlastung, Gehörtwerden, Verstehen, Leichtigkeit, Kontakt

Beziehung als Konsequenz

Bei allem, was wir tun, spielt die Beziehung zueinander eine besondere Rolle. Beziehung ist die beste Gewaltprävention. Watzlawick sagt dazu: „Jede Kommunikation hat einen Inhalts- und einen Beziehungsaspekt, derart, dass letzterer den ersteren bestimmt" (Watzlawick et al. 2017, S. 64). Setzen wir inhaltliche Aspekte in der Kommunikation über die Beziehung, so wirkt die Kommunikation schnell technisch. Es fehlt an Menschlichkeit. Vermehrt beobachte ich diese Konflikte, wenn Menschen eine neue berufliche Rolle einnehmen und versuchen, die inhaltlichen Erwartungen, die an diese Rolle geknüpft sind, in den Mittelpunkt zu stellen. Wenn „keine Zeit" für Beziehungsgestaltung ist, dann gleichen die Kommunikation und das Miteinander einem „Funktionieren".

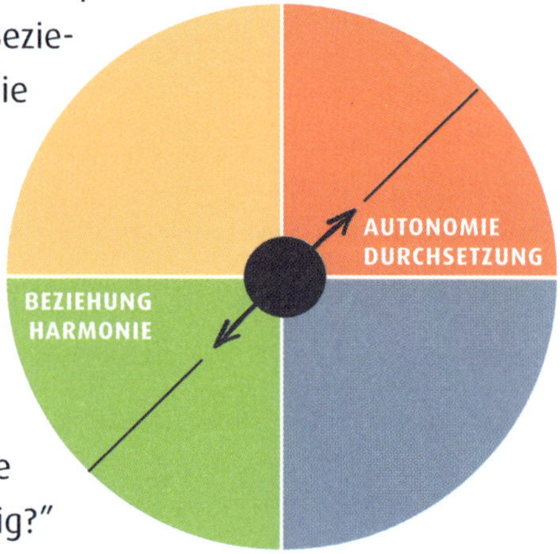

Da Menschen ungerne einfach nur funktionieren, sondern lebendig sein möchten, entstehen bei dieser Form der Kommunikation häufig Beziehungskonflikte. Die Frage Rosenbergs: „Was ist in uns lebendig?"

(siehe Seite 14) kann gleichzeitig eine Antwort auf diese Art von Konflikten sein. Sie führt zur Ursache des Problems und wirkt einem Funktionieren entgegen.

Auch aus der videobasierten Beratung (VHT und Marte Meo) wissen wir, dass kommunikative Elemente auf der Beziehungsseite unerlässlich sind, um von gelingender Kommunikation sprechen zu können (siehe Kapitel 3).

Wenn wir erkennen können, dass Aggressionen darauf ausgerichtet sind, Bedürfnisse zu erfüllen, dann wird deutlich, dass der wohlwollende und klare Kontakt sowie eine sichere Beziehung zu einem Menschen die beste Gewaltprävention darstellen.

Die beziehungs- und bindungsorientierte Botschaft lautet: „Ich sehe dich, und gleichzeitig stoppe ich dich bei Gewalt. Ich werde dich nicht verurteilen oder bestrafen. Ich bleibe bei dir, egal was passiert. Ich unterstütze dich dabei, Möglichkeiten zu finden, mit denen du dein Bedürfnis auf friedliche Art und Weise erfüllen kannst. Ich bin für dich da."

REFLEXION

Um diese Haltung im Team zu überprüfen, eignen sich zum Beispiel folgende Fragen:

- ? Interessieren wir uns für den Grund und Anlass einer verletzenden Handlung eines Kindes?
- ? Haben auch verletzende Kinder ein Recht auf „Schutz vor Übergriffigkeit"?
- ? Hat auch ein verletzende Kind das Recht, sich zu wehren?
- ? Wie stützen und unterstützen wir ein verletzendes Kind?
- ? Wie helfen wir ihm wirklich beim Stressabbau?
- ? Darf sich auch ein häufig verletzendes Kind auf unsere Unterstützung verlassen können?

(vgl. Haug-Schnabel 2020, S. 114)

Bei Fallbesprechungen (z.B. PELZA-Methode, Kapitel 6.6) empfiehlt es sich, ein Foto des betreffenden Kindes in die Tischmitte zu legen. Aus Erfahrung weiß ich, dass Fotos und auch Standbilder in der videobasierten Beratung einen ganz besonderen „Zauber" innehaben. Wir sehen einen schönen Moment und erinnern uns bei aller Schwere der aktuellen Situation auch an die schönen Momente. Das kann bewusst oder unbewusst die Beziehung stärken, da wir durch das Foto den positiven Blick auf das Kind festhalten.

5.4 Deeskalation von Konflikten

Hinter jeder Aggression liegen eine Erwartung und ein unerfülltes Bedürfnis. In Konflikten neigen wir gerne zu der „Warum-Frage". Wir wollen rational verstehen und das Gespräch gerne sachlich weiterführen. In den meisten Fällen ist es unser lösungsorientierter Ansatz, der uns antreibt. Bei starker Wut ist das jedoch nicht so einfach möglich, da die betreffende Person dann sprichwörtlich „außer sich ist", also auch außerhalb von Logik und Rationalität. Die rechte Gehirnhälfte tobt.

Verbale Deeskalation

Zudem hören viele Menschen in der „Warum-Frage" oft einen versteckten Vorwurf. „Warum hast du das gemacht?" wirkt – mit einer vorwurfsvollen Stimme vorgetragen – dann wie eine Verurteilung. Die Grundhaltung verbaler Deeskalation sollte urteilsfrei und empathisch sein.

Die verbale Deeskalation wird da notwendig, wo Grenzen überschritten werden. Das bedeutet, wir brauchen in dem Moment der Grenzsetzung Augenhöhe mit unserem Gegenüber. Das geht nicht, wenn unser Gegenüber lautstark wütet und wir ruhig und leise „Stopp" sagen.

Auf Augenhöhe zu gelangen bedeutet in diesem Moment, in das innere Feld der Durchsetzung zu gehen und bestimmt für die Grenzen und den Schutz einzustehen. Darauf folgt – sofern erfolgreich – die verbindende Frage „Was ist los? Was ist passiert?" Hierbei gehen wir in die Mitte zwischen

Beziehung und Durchsetzung zurück und begleiten unser Gegenüber empathisch und urteilsfrei in das Feld zurück, in dem Bedürfnisse wie Verbindung, Wertschätzung, Gesehen- und Gehörtwerden eine große Bedeutung haben. Es wäre ebenfalls möglich, neben einem „Stopp" zusätzlich auf Regeln zu verweisen, bevor wir zurück in die Verbindung, in Beziehung gehen: „Stopp! Hier wird niemand geschlagen" + „Was ist los? Was ist passiert?"

Diese Art der Durchsetzung mit einer verbindenden Frage schützt alle Beteiligten vor einem Gesichtsverlust, der durch ein moralisches Urteil oder ähnliches entstehen würde. Sätze wie „Sowas geht gar nicht. Sowas habe ich noch nicht erlebt, so etwas Fieses etc." sind hier Öl im Feuer. Die Stimmung würde hitziger und der Konflikt weiter eskalieren.

Zu deeskalieren bedeutet, genau hinzuhören. Auch wenn Anschuldigungen und Urteile durch unser Gegenüber ausgesprochen werden, so ist an dieser Stelle nicht die Rechtfertigung oder Richtigstellung wichtig (das wäre eine sachliche und logische Reaktion), sondern ein empathisches Verbinden mit den Worten unseres Gegenübers.

Die folgenden Fragen basieren auf unterschiedlichen systemischen Fragetechniken, unter anderem aus der Gewaltfreien Kommunikation (siehe Seite 75) und dem Systemischen Aggressions-Management (siehe Seite 93f.):

Verstehen:

- Was ist los? Was ist passiert?
- W-Fragen (außer Warum)
- Paraphrasieren (Das Gesagte mit eigenen Worten auf den Punkt bringen)
- Spiegeln (1 bis 3 Wörter, hinter denen du mehr vermutest)

Mit dem Gefühl verbinden:

- Bist du wütend und auch traurig?
- Du wirkst wütend und auch etwas traurig.

Auf diese Weise wird immer wieder zwischen den Gehirnhälften verbunden – die rationale und logische Gehirnhälfte mit der emotionalen, gefühlvollen Gehirnhälfte. Die Fragen fördern das weitere Verstehen und Verstandenwerden.
Vermeide an dieser Stelle Ich-Botschaften wie: „Ich habe den Eindruck, dass du wütend und etwas traurig bist." Zum einen führt die Formulierung „Ich habe den Eindruck" dazu, dass wir bei uns selbst und nicht bei unserem Gegenüber sind. Und zudem beinhaltet diese Aussage die Botschaft: Ich habe den Eindruck UND ich weiß, dass ich mich irren kann. Mir ist es wichtig, dass du weißt, dass ich nicht davon ausgehe, mit meiner Annahme richtig zu liegen. Insgesamt kommuniziert diese Formulierung zu viel „Ich" in einer Situation, in der es um „Dich" geht. Hier gilt: **Weniger Kopf, mehr Herz.**
Wichtig: Bleibt die Kommunikationsbereitschaft unseres Gegenübers bestehen, so ist diese Bereitschaft konstruktiv. Auch lautstarkes Fluchen und Schimpfen sind, sofern es nicht psychisch oder physisch verletzend wird, ein sozialverträglicher Weg, um Dampf abzulassen und sich einer Konfliktlösung anzunähern.

Das Bedürfnis vermuten:

- Fehlt dir Mitbestimmung?
- Möchtest du einbezogen werden in die Entscheidungsprozesse?

Wenn klar ist, worum es eigentlich geht, wird daran gearbeitet, eine Möglichkeit zu finden, die das Bedürfnis berücksichtigt und sich an dem „Rahmen der Möglichkeiten" orientiert. Die Verbindung und neu gewonnene Klarheit sind bei diesem Vorgehen das Ziel. Mit dieser Klarheit geht es nun in den nächsten Schritt:

Die Lösungssuche:

- Die Situation benennen.
- **Skalierungsfrage (bei Erwachsenen): Wo befindest du dich jetzt gerade auf einer Skala von 0 (negativ) bis 10 (positiv)?**

- Was wäre der erste Schritt, um einen Punkt auf der Skala weiter nach oben zu kommen?
- Nach Lösungsmöglichkeiten fragen: „Das ist wirklich schwierig, was kannst du/ich, was können wir jetzt tun?" (Du/Wir/Ich-Prinzip)
- Was sind günstige/ungünstige Auswirkungen der Lösungsidee?
- Ideen erwünscht? Das Ja-Gehirn bedienen – statt „Wir vereinbaren, das so nie wieder zu tun" werden konkrete Handlungsmöglichkeiten und Umsetzungsmöglichkeiten beschreiben.

Die Praktikantin Tanja zerrt den dreijährigen Pascal am Arm aus der Spielecke in den Flur. Ihr Kollege Martin unterbricht die Situation und wendet dabei **Möglichkeiten aus der verbalen Deeskalation an:**
Martin: Was ist passiert?
Tanja: Kevin hat Tobias mit dem Auto auf den Kopf geschlagen. Ich bin sauer geworden und habe Kevin das Auto weggenommen und gesagt, dass er heute nicht mehr in der Spielecke spielen darf.

Martin: Und was ist dann passiert?
Tanja: Dann hat Kevin mich angeschrien und getreten.
Martin: Und dann?
Tanja: Dann habe ich Kevin an den Armen gepackt und auf den Flur gebracht.
Martin: Und was ist dann passiert?
Tanja: Dann war ich geschockt über die Härte, mit der ich Kevin begegne.
Martin: Geschockt? (Spiegeln)
Tanja: Ja, ich will so nicht handeln. Es tut mir ja selber weh, aber Kevin ist ständig aggressiv und schlägt andere Kinder. Da geht nichts anderes.
Martin: Fühlst du dich hilflos? (Gefühl vermutet)
Tanja: Ja.

Martin: Wenn ich dich richtig verstehe, dann verletzt Kevin häufig andere Kinder und du würdest gerne einen Weg finden, anders mit Kevin umzugehen als bisher. (Paraphrasieren)
Tanja: Ja!
Martin: Wann verletzt Kevin andere Kinder? (W-Frage in die Vergangenheit)
Tanja: Immer, wenn wir eine Freispielphase haben.
Martin: Und wo passiert das meistens? (W-Frage in die Vergangenheit)
Tanja: In der Spielecke.
Martin: Wie ist es zuletzt dazu gekommen? (W-Frage in die Vergangenheit)
Tanja: Naja, Tobias wollte mit Kevin spielen, aber Kevin wollte nicht teilen, und das versteht Tobias nicht. Tobias nimmt sich Gegenstände, mit denen Kevin gespielt hat, und Kevin reißt ihm diese Gegenstände aus der Hand und haut ihn damit.
Martin: Also, wenn ich das richtig verstehe, dann benimmt sich Kevin so in den Freispielzeiten. Und du hast die Vermutung, dass er nicht teilen möchte und deshalb schlägt. (Paraphrasieren)
Tanja: Ja, genau.
Martin: Wie hast du bisher reagiert? (W-Frage in die Vergangenheit)
Tanja: Wir haben Kevin das Spielzeug weggenommen und ihm verboten, in der Spielecke zu spielen.
Martin: Wie zufrieden warst du damit? (W-Frage in der Gegenwart)
Tanja: Gar nicht zufrieden. Ich will ja, dass er mitspielt.
Martin: Was könntest du noch tun? (W-Frage in die Zukunft)
Tanja: Ich könnte vielleicht in der Freispielphase dabei sein und mitspielen. Um Kevin Sicherheit zu geben und das Spiel zu begleiten.
Martin: Wie würdest du das Spiel begleiten? (W-Frage in die Zukunft)
Tanja: Ich könnte die Spielbereiche voneinander trennen und gemeinsame Ideen ins Spiel bringen, sodass kurze gemeinsame Spielphasen entstehen. Vielleicht lernt Kevin so, mit anderen Kindern zu spielen.
Martin: Und was tust du, wenn das nicht klappt? (W-Frage in die Zukunft)
Tanja: Ich könnte meinen Kollegen Frank hinzurufen, damit ich in Ruhe mit Kevin sprechen kann.

Martin: Sprechen? (Spiegeln)
Tanja: Ja, ich würde Kevin fragen, was los ist. Und versuchen, mit ihm eine Lösung zu finden. Und vielleicht auch die anderen Kinder fragen, ob sie Ideen zur Lösung des Problems haben.

Ob mit Kolleg:innen, Eltern oder Kindern: Wenn wir die verbale Deeskalation anwenden, erhöht sich die Bereitschaft, das eigene Verhalten zu reflektieren und zu verändern. Wir brauchen dabei keine Antwort auf das Verhalten, sondern lediglich die richtigen Fragen und die Absicht, verstehen zu wollen.

Entschuldigung?!

Mit der Entschuldigung ist es so eine Sache. Wir alle, fast ausnahmslos, haben gelernt, dass eine Entschuldigung sein muss. Es ist wie eine moralische Verpflichtung. Dabei stellt sich die Frage: Wie zielführend ist eine Entschuldigung?

Oft scheint die Entschuldigung das Ziel zu sein. Dabei löst eine Entschuldigung keine Probleme. Das Ziel sollte vielmehr sein, Situationen so zu reflektieren und aufzuarbeiten, dass der/die „Schuldige" Verhaltensalternativen findet, um die eigenen Bedürfnisse unter Achtung der Grenzen anderer erfüllen zu können.

Alternative zur Entschuldigung in zwei Schritten

Mit den folgenden beiden Schritten möchte ich deswegen eine Alternative zur Entschuldigung anbieten:

Schritt 1: Bedauern

Oft geht es einer oder auch beiden Konfliktparteien darum, gesehen und gehört zu werden. Bedauert mein Gegenüber im Konflikt sein Verhalten, dann kann das eine heilende Wirkung haben. Dabei bedarf es jedoch nicht unbedingt der Worte. Bedauern wird sich auch nonverbal mitteilen, weshalb die Aufforderung „Jetzt sag Entschuldigung" an dieser Stelle eher einer

Dressur von Kindern und Erwachsenen gleichkäme. Die Entschuldigung erfüllt weder das Bedürfnis nach Gesehen- und Gehörtwerden noch das Ziel, diese unangenehme Situation künftig nicht mehr erleben zu müssen.

An diesem Punkt wird es zielführend. Es ist wichtig, dass alle Betroffenen in ihren Beweggründen, Bedürfnissen und Grenzen gehört und gesehen werden. Das gilt auch für die Person, die eine Grenze verletzt hat. Voneinander zu hören bedeutet, sich miteinander zu verbinden. Hierzu eignet sich **aus der Gewaltfreien Kommunikation folgendes Vorgehen:** Beschreibe eine wertfreie Beobachtung und verknüpfe diese Beobachtung mit einem eigenen Gefühl.

Ein sehr einfaches und kompetentes Beispiel stellt hier mein vierjähriger Sohn dar, wenn er zu mir sagt: „Papa, du hast gerade die Tür aufgemacht, und dabei ist die Tür gegen mein Bein geknallt. Das hat wehgetan." Ich spüre sofortiges Bedauern und möchte, dass es meinem Sohn wieder besser geht. Zudem werde ich zukünftig darauf achten, wer hinter mir steht, damit so etwas nicht wieder passiert. Meine Kooperationsbereitschaft ist durch mein Bedauern rasant angestiegen. Bedauern konnte ich, weil mein Sohn mir **wertfrei** mein Handeln beschreiben konnte und die **Auswirkungen** für sich **auf der Gefühlsebene** deutlich machte.

Mein Sohn hätte dagegen auch sagen können: „Papa, du hast die Tür gegen mein Bein geknallt." Die Unterstellung – also Bewertung – absichtsvollen Handelns „Ich hätte die Tür gegen sein Bein geknallt" erzeugte in mir fast unwillkürlich Widerstand. Denn diese Absicht hatte ich mit meinem Handeln nicht. Folgende Antwort habe ich mich dann an stressigen Tagen schon sagen hören: „Dann pass doch auf. Du hast doch gesehen, dass ich die Tür zumache." Auch wenn ich sofort bedauern würde, was ich da gesagt habe, so ist die Wirkung beeindruckend.

Dieses Phänomen liegt vielen Konflikten zugrunde. Wir unterstellen unserem Gegenüber eine absichtsvoll verletzende Handlung. Dabei steckt hinter jedem Verhalten immer auch der „gute Grund", ein Bedürfnis und der Versuch, sich dieses Bedürfnis zu erfüllen.

Wichtig: **Nicht der gute Grund bzw. das Bedürfnis erzeugt einen Konflikt, sondern das Verhalten, welches eingesetzt wurde, um sich ein Bedürfnis zu erfüllen.**

Schritt 2: Problem lösen

Sobald das Problem benannt und Gründe für das Verhalten mitgeteilt wurden, kann die Frage gestellt werden: **Wie kannst du es künftig anders machen?** Diese Frage kann sowohl zwischen Kindern als auch zwischen Erwachsenen klärend sein.

Die Verantwortung für die Problemlösung liegt bei der Person, die das Problem hat. In diesem Fall hat nicht die geschädigte Person das Problem, sondern die Person, die schädigendes oder verletzendes Verhalten zeigte.

An dieser Stelle kann die Situation als „schwierig" und „herausfordernd" bezeichnet werden. Fühlen wir uns nicht in der Lage, „so eine schwierige und herausfordernde Situation" alleine zu lösen, könnte der Unterstützerkreis erweitert und zum Beispiel die Gruppe einbezogen werden. Hilfreich ist hier auch die Frage: „Was würde meine beste Freundin/mein bester Freund mit jetzt raten?"

Erweiterungsfragen nach dem **Du-Wir-Ich-Prinzip** (siehe Seite 100) könnten lauten:

- Wie können wir dich dabei unterstützen?
- Wie kann ich dich dabei unterstützen?

Die Option, dass eine begleitende Person eigene Ideen zur Konfliktlösung einbringt, ist grundsätzlich möglich, jedoch sollte vorher die Bereitschaft der betroffenen Person eingeholt werden, zum Beispiel: „Ich hätte da eine Idee, magst du sie hören?" Eine Idee kann noch so großartig sein, wenn unser Gegenüber nicht bereit ist, sie zu hören, dann wird sie auch kein Teil der Lösung sein. Mit der Frage nach der Bereitschaft bleibt die Verantwortung für die Lösung („Ja, ich möchte die Idee hören" oder „Nein, ich möchte die Idee nicht hören") bei der betroffenen Person, die das Problem hat und klären möchten. Dieses Vorgehen erhöht die Wahrscheinlichkeit einer nachhaltigen Problemlösung.

Schutz vor Gewalt

Ist die körperliche oder psychische Unversehrtheit in einem Konflikt bedroht, so gilt es, diese Grenzen zu schützen. Alle Bemühungen gelten der Abwendung einer Gefahr. Konsequenzen gelten an dieser Stelle im pädagogischen Miteinander als Möglichkeit, die Grenzen aller Beteiligten zu schützen – anders als Strafen, die eine seelische Verletzung, Ausgrenzung, Entwürdigung zur Folge haben. Konsequenzen sind auf den Lernprozess des Kindes ausgerichtet und beinhalten eine für das Kind nachvollziehbare Logik. Konsequenzen sind im positiven Sinne ein angemessenes und würdevolles Mittel der Rückmeldung.

Konsequenzen

- müssen nachvollziehbar und einschätzbar für das Kind sein
- müssen gleichberechtigt im Vergleich mit anderen Kindern, auch mit Erwachsenen erlebt und angewendet werden
- sollten nicht aus starker Gefühlslage, sondern ruhig, sachlich und bestimmt ausgesprochen werden
- bieten Lernerfahrungen, durch die Kinder ihr Verhalten selbstständig anders und neu gestalten können (vgl. Focali 2011, S. 90)

Das bedeutet auch, dass es seitens der Fachkraft die notwendige Offenheit für neue Lösungsideen eines Kindes braucht, sodass ein längerer Ausschluss von Aktivitäten verhindert und dem Kind die Möglichkeit gegeben wird, sich auszuprobieren und zu entwickeln. Es geht also darum, Grenzverletzungen zu stoppen und gleichzeitig offen zu bleiben für Lösungen im Rahmen der Möglichkeiten/Grenzen.

Bei der Abwendung von Gefahren gilt der Einsatz schützender Macht als legitim. Schützende Macht hat grundsätzlich das Ziel, alle Beteiligten zu schützen. Sollte es notwendig erscheinen, jemanden körperlich einzuschränken, um Übergriffe zu verhindern, wird diese Maßnahme so kurz wie möglich erfolgen. Ein Festhalten bedeutet immer auch einen Kontrollverlust. Viel wirksamer und gewaltfreier ist es, die destruktive Energie (physisch oder psychisch) umzulenken und dadurch abzuwehren. Paradoxe Interventionen, Ablenkung und Humor mit Betroffenen können gewaltfreie Möglichkeiten zur situativen Deeskalation darstellen. An dieser Stelle erinnere ich an die vier destruktiven Gewaltphasen aus der AggressionsAcht (siehe Kapitel 5.1): Diese Phasen werden auch Ohnmachtsphasen genannt. In dem Augenblick der Gewalt/Ohnmacht ist ein Mensch außer sich.

Gewaltfreie Deeskalation durch Ablenkung
Ein Kita-Team hatte große Schwierigkeiten mit dem vierjährigen Ben. Beinahe täglich verletzte der Junge andere Kinder. Das Team konnte keine Erklärung für dieses Verhalten finden und war mit den Gewaltausbrüchen „aus dem Nichts" überfordert. Letztlich hielten die Erzieherinnen Ben fest, bis er sich beruhigte. Doch alle Beteiligten litten unter dieser Maßnahme. Die Frage nach Bens Vorlieben, Interessen, Stärken und allgemein Ressourcen war der Schlüssel, um den Umgang mit Gewalt zu verändern. Das Team wusste, dass der Junge sehr gerne mit kleinen Spielzeugautos spielt und wurde kreativ. Jeden Morgen zu Kita-Beginn steckten sich die Fachkräfte jeweils ein Spielzeugauto in die Hosentasche und begrüßten Ben. Sobald sie merkten, dass Ben in Wut geriet, holten sie das Auto hervor und konnten ihn so für den Moment aus der Gewaltspirale herausholen. Die Erzieherinnen versuchten auf diese Weise, Übergriffe zu verhindern, und gaben sich selbst durch das Spielzeugauto zusätzlich Handlungssicherheit. Die Suche nach dem guten Grund war nun leichter, da das Team für sich eine gewaltfreie Möglichkeit gefunden hatte, um situativ wirksam zu deeskalieren.

Grundsätzlich gilt der präventive Ansatz, um Grenzverletzungen und Gewalt zu verhindern. Dabei sollten immer technisch-räumliche, organisatorische und personelle Maßnahmen in die Überlegungen einbezogen werden. Die Reflexion von „Knallstellen" und „Knallzeiten" ist an dieser Stelle hilfreich. „Knallstellen" betreffen die Räume (z.B. Enge) sowie die Raumnutzung und „Knallzeiten" den Tagesablauf (selbstgemachte Hektik). Diese Situationen sollten wir gut im Blick haben, um erregungsabbauende Entzerrungen vorzubereiten (vgl. Haug-Schnabel 2020, S. 115). Steht das „herausfordernde Elterngespräch" an, gilt es, die Gesprächssituation „t.o.p." – also technisch-räumlich, organisatorisch sowie personell – vorzuplanen.

Technisch-räumlich ist es zu empfehlen, dass alle Personen so sitzen, dass jede:r zu jeder Zeit „flüchten" kann. Zur **Organisation** kann es gehören, dass sich jemand in dieser Zeit in unmittelbarer Rufbereitschaft aufhält. Diese Maßnahmen bieten einen erhöhten Schutz und können das eigene Sicherheitsbedürfnis erfüllen. Als **personelle Maßnahmen** zum Schutz vor Gewalt haben sich Deeskalations- und Konflikttrainings bewährt sowie Fortbildungen, die sich mit der Entstehung und Bewältigung von destruktiv aggressiven Verhaltensweisen befassen. Zudem gilt es zu prüfen, ob die Gesprächsumgebung und Wortwahl Sicherheit gebend und beruhigend gestaltet sind. Es geht nicht darum, grundsätzlich den schlimmsten Fall anzunehmen, sondern vielmehr darum, auf alles vorbereitet zu sein und ein sicheres Gefühl zu haben.

6

DAS STARKE WIR – ZENTRALE METHODEN ZUR TEAMSTÄRKUNG

TEAMS, DEREN MITGLIEDER KONFLIKTE DURCHLEBEN ODER ERLEBEN, BRAUCHEN STÄRKENDE MOMENTE, die Entlastung, Unterstützung, Wertschätzung und Zusammenhalt ermöglichen. Es braucht eine starke Gemeinschaft, um langfristig erfolgreich mit herausfordernden Situationen und Konflikten umgehen zu können. Im Folgenden stelle ich verschiedene Methoden vor, die hier unterstützend wirken.

6.1 Die vier Bedürfniswächter:innen

Die folgenden vier Bedürfniswächter:innen habe ich nach dem Motivkompass (Eilert 2021) abgeleitet. Jeder Typus verhält sich in einer Verhandlung/ einem Gespräch grundlegend anders, da er sich tendenziell – jeweils aufgrund seiner stärksten Bedürfnisse – in einer der vier Ecken auf der Abbildung am ehesten zu Hause fühlt und bevorzugt nach dem dort verorteten Bedürfnis handelt.
Die vier daraus abgeleiteten **Gesprächstypen bzw. Bedürfniswächter:innen sind:**

- die/der Kreative
- die/der Durchsetzungsstarke
- die/der Sicherheitsbedachte
- die/der Beziehungsorientierte

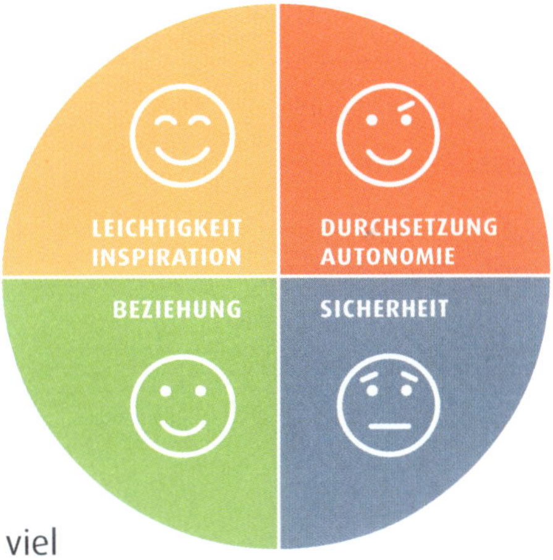

Diese vier Typen kommen fast in jedem Kita-Team vor; an dieser Stelle möchte ich die unterschiedlichen Bedürfniswächter:innen am **Beispiel einer Teamsitzung** vorstellen:

Die/der **Durchsetzungsstarke** legt viel Wert auf Effizienz und ist gerne mal ungeduldig. Lange Ausführungen und scheinbar endlose Diskussionen kann die/der Durchsetzungsstarke nur schwer aushalten. Kommunikation, die direkt und klar auf den Punkt gebracht ist, wird als bereichernd erlebt. In der Kommunikation befindet sich dieser Typus die meiste Zeit auf der Sachebene und fühlt sich hier sehr wohl.

Die/der **Sicherheitsbedachte** hat gerne den Überblick. Zahlen, Daten und Fakten sind grundsätzlich willkommen und geben Sicherheit. Ein gut strukturierter Ablauf sowie Tagesordnungspunkte geben Halt und sind nicht nur gerne gesehen, sondern werden als notwendig erachtet. Bei Abstimmungsprozessen ist jedes Detail entscheidend. „Was", „wer", „wie", „wann"

und „wo" sind Fragen, deren Klärung in einer Teamsitzung oberste Priorität hat, um Chaos zu verhindern. Ungenaue Angaben und Aussagen wie „Mal schauen" machen diesen Typus unruhig.
Die/der **Beziehungsorientierte** ist gerne mit allen Teilnehmenden in einem angenehmen Kontakt. Private Gespräche werden als wertvoller Teil und beziehungsstärkende Maßnahme gewürdigt. Eine gute Atmosphäre ist für diesen Typus sehr wichtig, denn Schönheit und Harmonie symbolisieren Wertschätzung für alle Beteiligten. Bei Unstimmigkeiten und wenn es unruhig wird, ist dieser Typus bemüht, wieder Harmonie herzustellen. Wenn es sein muss, werden zu diesem Zweck auch Zusatzaufgaben übernommen.
Die/der **Kreative** würde gerne jede Teamsitzung anders beginnen. Öfter mal was Neues statt langweiliger Routinen. Das Leben bietet so viele Möglichkeiten, neue Dinge auszuprobieren, sodass eine Teamsitzung gerne auch zu einer Kreativsitzung werden darf. Die Worte „Das haben wir schon immer so gemacht" würden diesem Typus niemals über die Lippen kommen. „Wir könnten doch mal ...", „Was haltet ihr davon ..." ist dagegen eine gerne geäußerte Einstiegsformulierung. Da, wo andere Probleme sehen, vermuten Vertreter:innen dieses Typus Möglichkeiten und Chancen, Neues auszuprobieren und zu entwickeln.

Zwischen den verschiedenen Bedürfniswächter:innen kann es im Alltag zu Differenzen kommen. So kommuniziert die/der Beziehungsorientierte mehr mit Blick auf Wertschätzung und Harmonie und umschreibt in dieser Weise notwendige Bitten, während die/der Durchsetzungsstarke mit dieser Art der Kommunikation Probleme hat, weil die Aussagen nicht effizient und klar auf den Punkt gebracht werden. „Sag, was Sache ist." oder „Komm auf den Punkt!" könnten Einwürfe sein. Umgekehrt führt die direkte und klare Bitte des/der Durchsetzungsstarken bei der/dem Beziehungsorientierten zu einem gefühlten Mangel an Augenhöhe und Wertschätzung.

Gleiches gilt für die Kreativen und die Sicherheitsbedachten. Die/der Kreative würde gerne einfach loslegen und auch mal die Tagesordnung vernachlässigen, weil gerade etwas anderes wichtiger erscheint; der/die Sicherheitsbedachte wird dagegen hier für Ordnung sorgen und dieses

„unüberlegte Drauflosquatschen" als respektlos erleben. Die/der Kreative wiederum wird die auf Ordnung und Sicherheit ausgerichteten Abstimmungsprozesse in einer Dienstbesprechung als lähmend wahrnehmen und regelmäßig frustriert darüber sein, dass jegliche Leichtigkeit und Kreativität fehlt.

Damit wir anerkennen können, dass alle Bedürfniswächter:innen in ihrer Rolle wichtig sind, damit das Miteinander für alle gewinnbringend ist, bietet sich folgende Teamübung an:

ÜBUNG

Ziel dieser Übung ist es, die Unterschiede im Team als Bereicherung zu erkennen, aktiv wertzuschätzen und einander Feedback zu geben.
Einstieg: Stelle deinem Team die vier Bedürfniswächter:innen vor und nutze dazu die aufgeführten Beispiele. Zeichne oder lege einen Kreis in die Mitte des Raumes und erläutere die unterschiedlichen Ecken. Du kannst dich auch in die Ecken hineinstellen und den jeweiligen Platz aus der Rolle der Bedürfniswächter:innen beschreiben.

Aufgabe 1: Jedes Teammitglied ordnet sich anschließend einer Ecke zu, in der es sich zu Hause fühlt. Manchmal fällt die Entscheidung nicht leicht, weil wir uns mehreren Ecken zugehörig fühlen. Für diese Übung ist es jedoch wichtig, sich zu entscheiden – auch in dem Wissen, dass wir alle (Bedürfnis-)Anteile in uns haben. Tauscht euch nun darüber aus, weshalb ihr euch in der ausgewählten Ecke zu Hause fühlt. Nutzt dafür konkrete Beispielsituationen aus dem Alltag.

Aufgabe 2: Jetzt denkt an eine oder mehrere Situationen, in denen ihr von euren Teammitgliedern in der gegenüberliegenden Ecke profitieren konntet. Zum Beispiel: Martin (der Beziehungsorientierte) gibt seiner Kollegin Petra (der Durchsetzungsstarken) ein Feedback: „Petra, als du letzte Woche Montag den Vater von Max ganz klar über die Wichtigkeit

der Rückmeldung zum Ausflug angesprochen hast, da war ich dir sehr dankbar. Ich habe diesen Moment hinausgezögert und bin dadurch schon etwas in Anspannung geraten. Deine direkte Art, die Dinge anzusprechen und zu klären, hat mir in dieser Situation sehr geholfen. Danke."
Anmerkung: Wenn es keinen Gegenpol im Team gibt, dann geben Sie einem Teammitglied aus einer benachbarten Bedürfnisecke Rückmeldung.

6.2 Leitwerte gestalten

Gelingt es uns, Leitwerte für die Zusammenarbeit zu benennen, haben wir eine Basis für die leichtere Konfliktklärung und somit für mehr Zufriedenheit erschaffen. Konflikte lassen sich dann deutlich einfacher gestalten, weil der gemeinsame Nenner direkt zu Beginn vorhanden ist. Leitwerte sind abstrakter als Regeln und auf einer anderen Ebene als Bedürfnisse. Sie können uns bei der Auswahl unserer Handlungsmöglichkeiten leiten.
Bei Differenzen im Miteinander in der pädagogischen Arbeit ermöglichen Leitwerte eine konstruktive Diskussionsgrundlage auf Augenhöhe.
Hierzu bieten sich folgende drei Schritte an:
Schritt 1: Beobachtung der Situation
Schritt 2: Verletzter Leitwert (bekannt)
Schritt 3: Bitte um gemeinsame Lösung/Veränderung, die den gemeinsamen Leitwert berücksichtigt
Bei Widerständen kann auch hier die Methode „Gewaltfrei und konstruktiv Kritik formulieren" (siehe Seite 116) angewandt werden.

Eine kreative Möglichkeit zur Visualisierung der gemeinsamen Leitwerte im Arbeitsalltag stellt das Werteboard dar. Es erfüllt unter anderem die Bedürfnisse nach Orientierung, Sicherheit, Zugehörigkeit und Schönheit.

ÜBUNG

Das Werteboard

Schritt 1: Jedes Teammitglied notiert fünf Werte (jeweils ein Wert auf einer Karte): Welche Bedürfnisse aus dem Gefühls- und Bedürfniskompass (siehe Seite 89) werden als besonders wichtig für die eigene Arbeit angesehen?
Werte können zum Beispiel sein: Augenhöhe, Respekt, Verständnis, Transparenz, Offenheit, Zusammenhalt ...

Schritt 2: Jede:r Teilnehmende legt anschließend die Karten mit ihren/seinen Werten in die Kreismitte. Mehrfach genannte Werte werden gebündelt. Die Werte mit dem meisten Zuspruch werden auf Verbindlichkeit hin diskutiert und nach Möglichkeit festgehalten. So geht das Team weiter vor, bis alle Werte diskutiert und festgehalten oder losgelassen wurden.

Schritt 3: Nun folgt die visuelle Darstellung der Begriffe. Das Team sucht gemeinsam nach einem entsprechenden Bild/Foto, das jeweils den einzelnen Werten zugeordnet werden soll. Einen besonders verbindenden und verbindlichen Effekt haben Fotos aus dem gemeinsamen Arbeitsalltag.

6.3 Bedürfnisblumen für den pädagogischen Alltag

Diese Idee kam mir während meiner beratenden Tätigkeit in einem heilpädagogischen Kindergarten: Die Fachkräfte befanden sich regelmäßig in angespannten Alltagssituationen, in denen wiederkehrend Verhaltensweisen aufeinandertrafen, die die Bedürfnisse der Kinder und Fachkräfte stark beeinträchtigten. Die Bedürfnisse konnten zwar häufig erkannt werden, doch in der lauten Akutsituation selbst fehlten Ideen für alternative Verhaltensmöglichkeiten, und so erhöhte sich der Stress für alle Beteiligten zunehmend.

Die Bedürfnisblume sollte nun eine visuelle Hilfe für die Fachkräfte und Kinder sein, um in stressigen Situationen Ideen für alternative Spiel- und Verhaltensmöglichkeiten zu erhalten.

In der Mitte ist ein Bedürfnis visuell dargestellt. Die Blütenblätter zeigen jeweils unterschiedliche konkrete Möglichkeiten, um sich dieses Bedürfnis

im Gruppenalltag erfüllen zu können. Idealerweise sind die Strategien in den Blütenblättern als Foto und Text dargestellt, sodass die Bedürfnisblume allen zugänglich ist.

Auf diese Weise dienen die Blumen letztlich nicht nur den Fachkräften, sondern auch und vor allem den Kindern in der Gruppe. Gemeinsam mit den Kindern wird überlegt, welche Möglichkeiten sie im Gruppenalltag für unterschiedliche Bedürfnisse sehen. Die Bedürfnisse sollten an dieser Stelle in kindgerechter Sprache formuliert sein. Die Kinder können die unterschiedlichen Spiel- und Verhaltensmöglichkeiten selbst darstellen und fotografieren. Das Ziel: Alle Beteiligten kennen eine Vielzahl an Möglichkeiten, um sich im Gruppenalltag unterschiedliche Bedürfnisse zu erfüllen. Dieses Projekt kann im Team zum Anlass genommen werden, um die Möglichkeiten zur Erfüllung von Bedürfnissen im Alltag zu reflektieren und gegebenenfalls zu erweitern. Der Kreativität sind keine Grenzen gesetzt. Auch die Gestaltung der Blume und die Anzahl der Blütenblätter variieren. Freie Blütenblätter sind in diesem Fall hilfreich, um bei Bedarf neue Möglichkeiten zur Bedürfniserfüllung festzuhalten.

6.4 Rituale, die stärken

Kritik will geübt sein – regelmäßig!

Kritik wird häufig dann formuliert, wenn uns etwas nicht passt und sich ein wichtiges Bedürfnis im Miteinander nicht erfüllen lässt. Kritik sollte jedoch so aufgebaut sein, dass sie sowohl unerfüllte als auch erfüllte Bedürfnisse in den Fokus nimmt. Das bedeutet, dass wir unseren Wunsch nach Veränderung (endend mit einer konkreten Bitte) genauso wie unsere Wertschätzung eines Verhaltens (endend mit einem Danke) damit ausdrücken können.

Hier ein Beispiel für Wertschätzung und Dank auf der Grundlage von gewaltfreier Kritik: „Hey Tobi, danke, dass du heute Morgen bei Kevin geblieben bist, als er seinen Wutanfall hatte (Beobachtung). Das war super, weil ich durch deine Unterstützung die innere Ruhe (Bedürfnisse) hatte, um den Konflikt zwischen Natalie und Maja gut begleiten zu können."

Ich empfehle, diese Art der Formulierung von Kritik im Team täglich mindestens einmal, zum Beispiel zum Abschluss des Tages, zu nutzen. Es geht dabei um ehrliche Wertschätzung und gemeinsames Üben. Auf diese Weise lässt sich gewaltfreie Kritik in leichten, sicheren und angenehmen Situationen verinnerlichen, wodurch sich die Wahrscheinlichkeit erhöht, dass wir diese Vorgehensweise auch in unangenehmen Situationen abrufen können.

Hinhören

Die Techniken zur verbalen Deeskalation (siehe Seite 122) eignen sich nicht erst im Konfliktfall, sondern auch in entspannten Situationen wie zum Beispiel in Morgenkreisen, während einer Essens- oder Spielsituation mit den Kindern, während eines angenehm verlaufenden Elterngesprächs oder in der Teamsitzung. Wichtig ist, dass die Art und Weise des Hinhörens im Alltag aktiv geübt wird. Auch hier gilt: Nicht der Extremfall ist das bevorzugte Übungsfeld, sondern es sind die angenehmen und sicheren Momente im Alltag, die gute Übungsmöglichkeiten bieten.

Präsenz

Einfach mal dasitzen und beobachten – ohne eine Aufgabe oder Forderung an die Kinder. Einfach sein. Das stärkt nachhaltig den Kontakt im Miteinander. Wie oft sind wir miteinander im Kontakt, weil wir etwas von unserem Gegenüber wollen, fordern oder um etwas bitten? Und wie oft sind wir im Kontakt, um hinzuhören, nachzufragen und mitzumachen? Wenn wir einfach miteinander sein können, dann können wir auch miteinander Herausforderungen meistern. Das gilt übrigens auf allen Ebenen.

6.5 Teambesprechungen – Niemand geht verloren!

Teambesprechungen können die Beteiligten besonders herausfordern, vor allem dann, wenn es um gemeinsame Entscheidungen geht. Hier sind Strukturen und Methoden gefragt, die uns dabei helfen, Abstimmungs- und Entscheidungsprozesse so zu gestalten, dass sich alle Beteiligten wahrgenommen und eingebunden fühlen.

> „Leitung" meint nicht zwangsläufig die Kita-Leitung. Alle Beteiligten in einer Teambesprechung haben Leitungskompetenzen. Die strukturierte Übersicht (siehe Tabelle) ermöglicht es, dass die Leitung einer Teamsitzung regelmäßig in andere Hände übergeben wird und dabei eine gewisse Leitungsqualität gewahrt bleibt. Dieses Vorgehen kann zur Stärkung des Wir-Gefühls beitragen, die Selbstwirksamkeit erhöhen und das eigene Engagement aktivieren.

Leitung einer Teambesprechung nach den Merkmalen gelungener Interaktion und Lenkung

Gesprächs-einstieg	**Sitzplatz** (Anordnung Tisch & Stühle – Aufmerksamkeit) **Raum**bedingungen, Raumgestaltung **Visualisierung** nutzen (Flipchart etc.) **Atmosphäre** ist angenehm und lädt zur Arbeit ein **Körpersprache** – offen und einladend **Körperhaltung** – zugewandt **Stimmintonation** – mit Lautstärke und Betonung spielen Deutliches **Startsignal** zu Beginn **Protokollfrage** geklärt Aufträge aus der **letzten Sitzung** benannt Absprachen über **Zeit, Ziele** des Gesprächs erfolgen
Austausch Struktur, Themen	Leitung ist **aufmerksam** in der Runde Leitung **empfängt** gut, positive Abstimmung **Vorgehensweise**, um Ziele der Sitzung zu erreichen, ist erkennbar **Informationen** werden klar dargeboten, prägnant vermittelt Einzelne Schritte werden **benannt** Gelungenes und Fehlerhaftes wird **wertschätzend** formuliert und vermittelt Gefühle und **Empfindungen** werden benannt Der **Dialog** wird gefördert
Diskussions-phase	**Reihenfolge** wird beachtet **Gesprächsanteile** – Dauer findet Beachtung Meinungen werden **ausgetauscht** **Aktivierung** – Leitung sorgt dafür, dass jeder einbezogen wird Leitung **benennt** die Gefühle und Reaktionen **Tempo** – Leitung wartet auf Reaktionen, folgt **Initiativen** Leitung **fasst** Meinungen **zusammen** Es gibt ein **Ergebnis** Es werden **deutliche Absprachen** getroffen Leitung wählt für jedes Thema deutlichen **Einstieg** und **Abschluss** Leitung schlägt den jeweils „richtigen" **Ton** an
Gesprächs-abschluss	Leitung fasst die **Ergebnisse** zusammen Leitung benennt klar die **Arbeitsaufgaben** für das Protokoll Themen für die **nächste Sitzung** werden benannt (Protokoll) Eine **Wertschätzung** der gemeinsamen Arbeit erfolgt Klarer **Abschluss** durch Leitung

(nach einer Vorlage von Marita Brümmer)

Download auch als Kopiervorlage im Anhang und als PDF-Download

Echte Befindlichkeitsrunden mit dem Gefühls- und Bedürfniskompass

Wir alle kennen sie, die „Befindlichkeitsrunden", die ein lästiges Überbleibsel aus vergangenen Jahrzehnten sind. „Wie geht's euch?" „Wer mag anfangen?" Und die Antworten begrenzen sich auf: „Alles o.k.", „Gut" oder „Geht so". In vielen Fällen kommen die Teilenehmenden dann ganz schnell zu den „wirklich wichtigen Themen", nämlich den Tagesordnungspunkten, dem sachlichen Teil einer Dienstbesprechung. Und wenn sich doch jemand in der Befindlichkeitsrunde hätte öffnen wollen, dann wäre dieses Ansinnen schon beinahe unhöflich, weil es vom langersehnten Feierabend nur entfernen würde. Schade!

Ich habe Teams begleitet, die absolut keine Zeit für Befindlichkeiten hatten und so viel zu tun, dass es ohnehin keine Zeitfenster in den Teamsitzungen für Punkte gab, die abseits des Organisatorischen lagen. Das ging so lange, bis diese Teams so verhärtete Konflikte hatten, dass sie sich Zeit für ihre Befindlichkeiten nehmen mussten. Im Nachhinein kosten unterschwellige Konflikte mehr Zeit und Kraft als eine echte Befindlichkeitsrunde, die dazu beitragen kann, dass wir das Leben gemeinsam schöner machen können, bevor es hässlich wird.

Folgendes gilt es zu beachten, damit eine Befindlichkeitsrunde auch Wirkung hat und nicht einfach ein lästiger Punkt auf der Tagesordnung ist:

ÜBUNG

Jede Person spürt in sich hinein und überlegt, welches Gefühl gerade aktiv ist. Dann wird versucht, dieses Gefühl mit einer Beobachtung oder einem Gedanken in Verbindung zu bringen und das Ergebnis in der Befindlichkeitsrunde mitgeteilt.
Das „frisst" Zeit? Eigentlich nicht. Es braucht lediglich eine gute Struktur, die dafür sorgt, dass alle Beteiligten die Möglichkeit haben, sich freiwillig mitzuteilen:

Eine ruhige Minute zu Beginn zur Selbstklärung

- Eine klare Regel: Beobachtung/Gedanken in maximal drei Sätzen und mit einem Gefühl verbunden einbringen.
- Rückfrage: Thema in die Tagesordnung aufnehmen?
- Rückfrage: Bearbeitung in kleiner Runde außerhalb der Teambesprechung notwendig?
- Wenn Terminabsprache für kleine Runde nötig: Teamsitzung endet drei Minuten früher; die Verantwortung für die Terminabstimmung liegt bei der Person, die das Thema eingebracht hat

Schwierige Entscheidungen leicht gemacht

Wenn es in einer Teamsitzung emotional wird, dann meist, weil Teilnehmende laut oder leise versuchen, für ihre ungehörten Bedürfnisse einzustehen. Es besteht die Sorge oder Angst, dass ein geplantes Vorgehen zu einer inakzeptablen Beeinträchtigung führen könnte. Die folgende Methode bietet durch ihre zeitliche Effizienz eine gute Möglichkeit, alle Beteiligten am Entwicklungs- und Entscheidungsprozess mitwirken zu lassen.

ÜBUNG

Die J-I-N-Methode

Ausgangslage: Es gibt ein gemeinsames Problem und unterschiedliche Ansichten über die Lösung.

Schritt 1: Es werden Kleinstgruppen gebildet, die zusammen für das gemeinsame Problem einen Lösungsvorschlag entwerfen.

Schritt 2: Jede Gruppe präsentiert ihre Lösung und dokumentiert diese stichwortartig auf dem Flipchart in der linken Spalte.

Schritt 3: Alle Teilnehmenden werden nun aufgefordert, die Ideen in den Kategorien J, I oder N zu bewerten (J = Ja, einverstanden; I = Interessant, aber da fehlt noch etwas; N = Nein, das lehne ich zu 100% ab).
Wichtig: In der Kategorie „I = Interessant“ ist es notwendig, ein Bedürfnis oder einen Wert zu benennen, der unbedingt berücksichtigt werden sollte, damit aus dem I (= Interessant) ein J (= Ja) werden kann.

Schritt 4: Alle Teilnehmenden stimmen für jeden einzelnen Vorschlag mit Klebepunkten auf dem Flipchart ab und notieren (im Falle der Kategorie "I") ihr Bedürfnis in die Spalte rechts außen.

Schritt 5: Gibt es eine Lösung, die die volle Zustimmung hat? Also alle Punkte auf J? Wenn ja, dann besteht bereits eine Lösung für das Problem und die Aufgabe ist beendet. Im Fokus stehen die Lösungsvorschläge mit den meisten Punkten in der Kategorie J. Lösungsvorschläge mit mindestens einem Punkt in der Kategorie N scheiden sofort aus.

Schritt 6 (wenn keine sofortige Lösung gefunden wurde): Die Lösung mit dem größten Zuspruch in der Kategorie J wird nun in gemeinsamer Runde weiterentwickelt. Hierbei sollten die Bedürfnisse und/oder Werte einbezogen werden (ganz rechts auf dem Flipchart), die bisher nicht ausreichend berücksichtigt wurden.

Dieses Vorgehen kann ein kurzer Prozess sein. In jedem Fall aber sorgt er dafür, dass alle Beteiligten in ihren Bedürfnissen gesehen, gehört und aktiv in den Entscheidungsprozess eingebunden werden.

6.6 Fallbesprechungen mit Erfolgsgarantie

Die PELZA-Fallbesprechung oder Fallberatung ist angelehnt an das PELZ-Modell nach Vogt-Hillmann (2009). Es soll Teams in kurzer Zeit dabei helfen, festgefahrene pädagogische Situationen effektiv zu reflektieren und neue Handlungsideen zu entwickeln. Das Ziel: In nur 30 Minuten wird ein Fall mit allen Beteiligten aus dem Team strukturiert beleuchtet, um daraus neue Ideen und Maßnahmen zu entwickeln. Der Mehrwert liegt auf der Hand: Wenn alle Beteiligten ihre subjektiven Sichtweisen, Erklärungen, Erfolge und Misserfolge sowie Ideen zusammentragen, dann entstehen am Ende ein neues Gesamtbild und neues Fallverstehen mit neuen Lösungsansätzen. Für die Moderation empfiehlt sich eine neutrale Person.

Es gibt dabei einige **wichtige Regeln:**

- Pro Abschnitt ist maximal 6 Minuten Zeit (= 30 Minuten gesamt).
- Jeder Abschnitt sollte gut sichtbar, zum Beispiel auf einem Flipchart, platziert werden.
- Stichpunktartige Dokumentation oder kurze, knappe Sätze.
- Rückwirkende Ergänzungen sind möglich, ein Überspringen der Punkte nicht.
- Bewährt hat sich ein „Fotoprotokoll" in digitaler Form.

ÜBUNG

PELZA-Fallbesprechung

1. Problembeschreibung

- Was ist der aktuelle Anlass für diese Fallbesprechung?
- Konkret und wertfrei: Welches Verhalten wird als problematisch erlebt?
- Welche Frage verbindest du mit dem Problem?

2. Erklärungen

- Welche Erklärung hast du/dein Team für das Verhalten?

- Was haben verschiedene beteiligte Personen bisher als Erklärung für das Verhalten angenommen?
- Welche guten Gründe könnte die Person für dieses Verhalten haben?

3. Lösungsversuche
- Wie wurde bisher auf das Verhalten reagiert?
- Was wurde bisher in Hinblick auf das Problemverhalten/Problem unternommen?
- Was wurde technisch-räumlich, organisatorisch und personell unternommen?
- Welche Ressourcen wurden bisher genutzt?
- Was ist dabei herausgekommen? Wie wirksam war das (z.B. mithilfe einer Skalierung)?
- Wer hat noch versucht, das Problem zu lösen? Auf welche Weise?
- Welche Lösungsversuche waren bisher am hilfreichsten?

4. Ziele/Ideen/Maßnahmen
- Welches Ziel hast du/dein Team bezüglich des beschriebenen Problemverhaltens/Problems?
- Welche weiteren Lösungsideen gibt es, die noch nicht ausprobiert worden sind? Welches Ergebnis wäre davon zu erwarten?
- Was wäre ein kleinstmöglicher Erfolg?
- Was wären erste mögliche Schritte in Hinblick auf die oben genannten Ziele?
- Was nimmst du dir konkret vor?

5. Absprachen
- Wer übernimmt welche Aufgaben?
- Wann sollen die Maßnahmen auf Wirksamkeit und Erfolg überprüft werden?
- Terminierung

(Quellen: Vogt-Hillmann 2002, S. 26ff.; DGUV Information 207-025, S. 30)

Download Als PDF-Download erhältlich

6.7 Konflikte spielerisch reflektieren

Hätte ich etwas anders machen können? Die Frage, ob wir etwas anders hätten machen können, lässt sich einfach beantworten – fast immer können wir etwas anders machen. Und das ist durchaus sinnvoll. Denn unser Gegenüber können wir grundsätzlich nicht verändern. Unser eigenes Kommunikationsverhalten dagegen schon. Spannend wird es, wenn wir eine **festgefahrene Situation durchspielen** und dabei unterschiedliche kommunikative Verhaltensweisen ausprobieren. Der Vorteil: Wir können Kommunikation erleben und fühlen, statt die Situation verkopft zu analysieren. Albert Einstein soll gesagt haben: „Probleme kann man niemals mit derselben Denkweise lösen, durch die sie entstanden sind." Das Spiel gibt uns die Möglichkeit, neue Erkenntnisse zu gewinnen, zu fühlen und unser Kommunikationsverhalten immer wieder zu verändern, bis wir mit dem Ergebnis zufrieden sind.

Damit es nicht einfach nur ein Spiel bleibt, sondern auch der professionellen Reflexion dienlich ist, habe ich eine Struktur zum Vorgehen und zur Auswertung erstellt. Das beobachtende Umfeld und/oder eine Videoaufnahme bieten zusätzlich die Möglichkeit einer detaillierten Reflexion. Letztlich geht es in dieser Übung darum, neue Handlungsmöglichkeiten aus dem gemeinsamen „Spiel" zu entwickeln und dadurch Handlungssicherheit zu gewinnen.

Es gibt **zwei Leitfragen:**

- Was fühlt sich angenehm/sicher an?
- Was bringt uns dem Ziel/guten Grund näher?

ÜBUNG

Die Spielregeln

Schritt 1: Das Drehbuch

Der/die Fallgeber:in beschreibt die Situation. Was ist bisher geschehen? In welcher Situation befinden wir uns jetzt gerade? Was ist das Ziel oder der mögliche gute Grund, aus dem die Beteiligten sich in dieser Situation verhalten?

Schritt 2: Die/der Fallgeber:in

Der/die Fallgeber:in hat zwei Möglichkeiten:

- Sie/er nimmt die Rolle des Gegenübers ein und bekommt so die Möglichkeit, einen Perspektivwechsel zu fühlen (Option 1).
- Der/die Fallgeber:in bleibt beobachtend im Außen. Dabei kann sie/er das Spiel der anderen mit einer Pausefunktion jederzeit stoppen und neue Ideen und Lösungsmöglichkeiten einbringen, die dann von den Darsteller:innen umgesetzt/ausprobiert werden (Option 2).

- **Schritt 3: Eintauchen in die Rolle**
- Die Darsteller:innen nehmen sich 5 Minuten Zeit, um in ihre Rolle „einzutauchen" und sich gedanklich die Zusammenhänge und Gefühle zu erschließen.
- Abstimmung mit dem/der Fallgeber:in ist gestattet und wünschenswert.

Schritt 4: Darstellung & Beobachtung/Aufnahme

- Jede:r Darsteller:in verfügt über eine „Pausentaste" (= das Spiel friert ein). Gedanken können während der Pause laut ausgesprochen werden, um sich Unterstützung und Ideen bei allen Beteiligten zu holen.
- Eine Person filmt.
- Die anderen Teilnehmenden beobachten das Spiel.

Schritt 5: Gemeinsame Reflexion

Rückmeldung der Fallgeber:in:

- Welche Momente fühlten sich angenehm und sicher an?
- Wodurch sind die Darsteller:innen ihrem Ziel/dem guten Grund ein Stück nähergekommen?
- Welches Gefühl ist jetzt in dir lebendig?
- Was nimmst du aus diesem Spiel konkret mit?

Rückmeldung der Darsteller:innen:

- Wie ging es euch?
- Welche Momente wurden als angenehm/sicher erlebt?
- Wodurch bist du deinem Ziel/guten Grund nähergekommen?

Welche Momente waren aus beobachtender Sicht wertvoll (Rückmeldungen und/oder Videoanalyse nach folgenden Kriterien):

- Was wirkte angenehm? Woran machst du das fest?
- In welchen Momenten wurden die fünf Prinzipien gelingender Kommunikation (siehe Kapitel 3.1) umgesetzt?

Schritt 6: Ist das Ergebnis zufriedenstellend?

Geht die/der Fallgeber:in mit einem angenehmen Gefühl und neuen Erkenntnissen aus dem Spiel? Oder braucht es eine Wiederholung?

Schritt 7: Wiederholung der Schritte 3–5

bis die Situation zufriedenstellend gestaltet wurde.

6.8 Erste Hilfe für die Seele: Was nach Übergriffen unbedingt zu tun ist

Beleidigung, Bedrohung, Schlagen und Beißen – das individuelle Gewalterleben und damit einhergehende Belastungen sind von Mensch zu Mensch unterschiedlich. „Schon die Androhung von Gewalt kann traumatisch sein, wenn sie glaubhaft wirkt. Auch solches Verhalten sollte in jeder Einrichtung Konsequenzen haben und als ein Beinahe-Unfall dokumentiert werden" (DGUV Information 207-025).

„Je öfter wir Schrecksituationen nicht gut verarbeitet haben, je weniger wir dafür sorgen, unseren Körper immer wieder in einen ausbalancierten Optimalzustand zurückzubringen, desto eher reagieren wir auf Säugetierebene: mit dem durch Stress ausgelösten Notfallprogramm und mit nicht angemessenen Gefühlen." (Hantke & Görges 2019, S. 31)

Daraus lässt sich schussfolgern: Grundsätzlich ist es notwendig, dass sich Fachkräfte nach herausfordernden und belastenden Situationen füreinander Zeit nehmen, um das Geschehene zu besprechen. Sich gegenseitig aufzufangen und zu unterstützen ist ein wesentlicher Teil der Gesunderhaltung am Arbeitsplatz und der psychosozialen Ersthilfe. Das urteilsfreie und offene Ohr kann helfen, eine Schrecksituation gedanklich zu rekonstruieren und zu verarbeiten. Empathisch hinzuhören ist die effektivste erste Hilfe, die wir leisten können. Ratschläge oder sogar Vorwürfe sind unbedingt zu vermeiden! In der **Phase des Auffanggesprächs** könnten sie dazu führen, dass die betroffene Person sich zusätzlich als unfähig erlebt, sich selbst infrage stellt und weitere Unsicherheit verspürt.

In der **zweiten Phase** geht es darum, wie die betroffene Person (Handlungs-)Sicherheit und somit die Kontrolle zurückerlangen kann, um sich künftig wieder sicher zu fühlen. Übergriffe können zu einem Ohnmachtserleben führen. Alles, was die betroffene Person in dieser Phase also selbst an Ideen einbringt, ist Gold wert, denn es ist der erste Schritt zurück in Richtung Kontrolle und Handlungssicherheit.

„Die Unfallversicherungen und Berufsgenossenschaften empfehlen, ein Gewaltereignis auch dann per Unfallanzeige zu melden, wenn keine unmittelbare Arbeitsunfähigkeit vorliegt, Sie aber vermuten, dass der oder die Betroffene Unterstützung bei der Verarbeitung des Erlebnisses benötigen könnte. Nur so erfährt der Unfallversicherungsträger von dem Vorfall und kann Hilfen anbieten. Denn häufig wird unterschätzt, dass durch ein solches Ereignis – auch wenn es keine sichtbaren Verletzungen hinterlassen hat – eine psychische Traumatisierung stattgefunden haben kann. Der gesundheitliche Schaden wird dann erst später offensichtlich und die Arbeitsunfähigkeit tritt verzögert ein" (DGUV Information 207-025, S. 25).

Literatur

Aarts, M.; Aarts, J.; Foerster, A. & Bösche, H. (2023): Marte Meo. Möglichkeiten der alltäglichen Entwicklungsunterstützung. Das Praxisbuch für Kita, Krippe und Kindertagespflege. Freiburg im Breisgau: Herder.

Bauer, J. (2011): Schmerzgrenze. Vom Ursprung alltäglicher und globaler Gewalt. München: Karl Blessing.

Bauer, J. (2016): Warum ich fühle, was du fühlst. Intuitive Kommunikation und das Geheimnis der Spiegelneurone. München: Wilhelm Heyne.

Bauer, J. (2018): Selbst Steuerung. Die Wiederentdeckung des freien Willens. München: Wilhelm Heyne.

Bongartz, R. (2013): Nutze deine Angst. Wie wir in Gewaltsituationen richtig reagieren. Frankfurt am Main: S. Fischer.

Burr, W. & Vogt-Hillmann, M. (2009): Lösungen im Jugendstil: Systemisch-lösungsorientierte Kreative Kinder- und Jugendhilfetherapie. Dortmund: Borgmann.

Cantzler, A. (2023): Schätze finden statt Fehler suchen. Herausforderndes Verhalten verstehen in Kita, Krippe und Kindertagespflege. Freiburg im Breisgau: Herder.

Church, S. (2005): Schema zur Erfassung der gelungenen Interaktion – Eine Überarbeitung des Video-Kontakt-Schemas und des Schemas der Basiskommunikationsprinzipien als Arbeitshilfen im Video-Home-Training, in der Video-Interaktions-Begleitung und im Video-School-Training. Abschlussarbeit für die Zertifizierung als Ausbilder und Supervisor in VHT, VIB und VST.

DGUV Information 207-025 (2018): Prävention von Gewalt und Aggression gegen Beschäftigte im Gesundheitsdienst und in der Wohlfahrtspflege. Eine Handlungshilfe für Arbeitgeber und Arbeitgeberinnen. https://publikationen.dguv.de/widgets/pdf/download/article/3429 [letzter Zugriff 21.07.2022].

Eilert, D.W. (2021): Integratives Emotionscoaching mit emTrace. Wie emotionale Veränderung wirklich gelingt. Paderborn: Junfermann.

Focali, E. (2011): Aggressionen und Gewalt begegnen. Konfliktbewältigung in der Kita. Köln: Bildungsverlag EINS.

Gens, H. (2016): In „Kursbuch Video-Home-Training – Interaktion im Blick". Miesbach: DWRO consult.

Hantke, L. & Görges, H.J. (2019): Ausgangspunkt Selbstfürsorge. Strategien und Übungen für den psychosozialen Alltag. Paderborn: Junfermann.

Haug-Schnabel, G. (2020): Umgang mit aggressiven Verhalten von Kindern. Praxiskompetenz für Kitas. Freiburg im Breisgau: Herder.

Hohmann, K. (2021): Gemeinsam durch die Wut. Wie ein achtsamer Umgang mit kindlichen Aggressionen die Beziehung stärkt. Limbach-Oberfrohna: Edition Claus.

Hohmann, K. (2022): Augenhöhe statt Strafen. Beziehungsstark in Kita, Krippe und Kindertagespflege. Freiburg im Breisgau: Herder.

Juul, J. (2013): Grenzen, Nähe, Respekt. Auf dem Weg zur kompetenten Eltern-Kind-Beziehung. Reinbek bei Hamburg: Rowohlt.

Juul, J. (2021): Nein aus Liebe. Klare Eltern – starke Kinder. Weinheim: Beltz.

Langer, E. (1978): The Mindlessness of Ostensibly Thoughtful Action: The Role of "Placebic" Information in Interpersonal Interaction. Harvard University. https://jamesclear.com/wp-content/uploads/2015/03/copy-machine-study-ellen-langer.pdf [letzter Zugriff 21.07.2022].

Lieberman, M.D.; Eisenberger, N.I.; Crockett, M.J.; Tom, S.M.; Pfeifer, J.H. & Way, B.M. (2007): Putting Feelings Into Words. Affect Labeling Disrupts Amygdala Activity in Response to Affective Stimuli. www.scn.ucla.edu/pdf/AL(2007).pdf [letzter Zugriff 21.07.2022].

Loosli, N. (2020): Theorie und Praxis der Jugendhilfe (TPJ 32): Videogestützte Verfahren in den Erziehungshilfen – Entwicklungsperspektiven mit Bildern. In: B. Hagen (Hrsg.): Evangelischer Erziehungsverband (EREV). Sachsen-Anhalt: Schöneworth, S. 32–50.

Maywald, J. (2019): Gewalt durch pädagogische Fachkräfte verhindern. Die Kita als sicherer Ort für Kinder. Freiburg im Breisgau: Herder.

Müller, W. (2004): Das vegetative Nervensystem. In: Tier- und Humanphysiologie. Springer-Lehrbuch. Berlin, Heidelberg: Springer.

Porges, S.W. (2021): Die Polyvagaltheorie und die Suche nach Sicherheit. Gespräche und Reflexionen. Traumabehandlung, soziales Engagement und Bindung. Lichtenau/Westf.: G.P. Probst.

Purps-Pardigol, S. (2021): Leben mit Hirn. Wie Sie Ihre Potenziale entfalten, egal was um Sie herum geschieht. Frankfurt/New York: Campus.

Rhode, R.; Meis, M.S. & Bongartz, R. (2003): Angriff ist die schlechteste Verteidigung. Der Weg zur kooperativen Konfliktbewältigung. Paderborn: Junfermann.

Rosenberg, M. (2006): Die Sprache des Friedens sprechen – in einer konfliktreichen Welt. Was Sie als nächstes sagen, wird ihre Welt verändern. Paderborn: Junfermann.

Rosenberg, M. (2013): Was deine Wut dir sagen will: überraschende Einsichten. Das verborgene Geschenk unseres Ärgers entdecken. Paderborn: Junfermann.

SAM-Concept (2018): Die AggressionsAcht nach SAM. Leben ohne Gewalt. Rostock.

Schulz von Thun, F.; Zach, K. & Zoller, K. (2021): Miteinander reden von A bis Z. Lexikon der Kommunikationspsychologie. Reinbek: Rowohlt.

Siegel, D.J. & Payne Bryson, T. (2017): Achtsame Kommunikation mit Kindern. Zwölf revolutionäre Strategien aus der Hirnforschung für die gesunde Entwicklung Ihres Kindes. Freiburg im Breisgau: Arbor.

Stahl, S. (2017): Das Kind in dir muss Heimat finden. In drei Schritten zum starken Ich. Das Arbeitsbuch. München: Kailash.

Techniker Krankenkasse (2013): Stress – TK-Broschüre zur gesundheitsbewussten Lebensführung. Hamburg: Techniker Krankenkasse.

Voss, C. & Raz, T. (2017): Kompromisslos verhandeln. Die Strategien und Methoden des Verhandlungsführers des FBI. München: Redline.

Watzlawick, P. (1994): Anleitung zum Unglücklichsein. München: dtv.

Watzlawick, P.; Beavin, J.H. & Jackson, D.D. (2017): Menschliche Kommunikation. Formen, Störungen, Paradoxien. Bern: Hogrefe.

Weckert, A. (2014): Gewaltfreie Kommunikation für Dummies: Inhalte, Methoden und Einsatz der gewaltfreien Kommunikation. Weinheim: Wiley-VCH.

Wedewardt, L. (2022): Wörterzauber statt Sprachgewalt. Achtsam sprechen in Kita, Krippe und Kindertagespflege. Freiburg im Breisgau: Herder.

Wedewardt, L. & Cantzler, A. (2022a): Sich seiner selbst bewusst sein. Biografische Selbstreflexion für pädagogische Fachkräfte. Freiburg im Breisgau: Herder.

Wedewardt, L. & Cantzler, A. (2022b): Sich seiner selbst bewusst sein. Biografische Selbstreflexion für pädagogische Fachkräfte: Workbook. Freiburg im Breisgau: Herder.

Wedewardt, L. & Hohmann, K. (2021): Kinder achtsam und bedürfnisorientiert begleiten in Krippe, Kita und Kindertagespflege. Freiburg im Breisgau: Herder.

Anhang

Kopiervorlage

Leitung einer Teambesprechung nach den Merkmalen gelungener Interaktion und Lenkung

Gesprächseinstieg	**Sitzplatz** (Anordnung Tisch & Stühle – Aufmerksamkeit) **Raum**bedingungen, Raumgestaltung **Visualisierung** nutzen (Flipchart etc.) **Atmosphäre** ist angenehm und lädt zur Arbeit ein **Körpersprache** – offen und einladend **Körperhaltung** – zugewandt **Stimmintonation** – mit Lautstärke und Betonung spielen Deutliches **Startsignal** zu Beginn **Protokollfrage** geklärt Aufträge aus der **letzten Sitzung** benannt Absprachen über **Zeit, Ziele** des Gesprächs erfolgen
Austausch **Struktur, Themen**	Leitung ist **aufmerksam** in der Runde Leitung **empfängt** gut, positive Abstimmung **Vorgehensweise**, um Ziele der Sitzung zu erreichen, ist erkennbar **Informationen** werden klar dargeboten, prägnant vermittelt Einzelne Schritte werden **benannt** Gelungenes und Fehlerhaftes wird **wertschätzend** formuliert und vermittelt Gefühle und **Empfindungen** werden benannt Der **Dialog** wird gefördert

Diskussionsphase	**Reihenfolge** wird beachtet **Gesprächsanteile** – Dauer findet Beachtung Meinungen werden **ausgetauscht** **Aktivierung** – Leitung sorgt dafür, dass jeder einbezogen wird Leitung **benennt** die Gefühle und Reaktionen **Tempo** – Leitung wartet auf Reaktionen, folgt **Initiativen** Leitung **fasst** Meinungen **zusammen** Es gibt ein **Ergebnis** Es werden **deutliche Absprachen** getroffen Leitung wählt für jedes Thema deutlichen **Einstieg** und **Abschluss** Leitung schlägt den jeweils „richtigen" **Ton** an
Gesprächs-abschluss	Leitung fasst die **Ergebnisse** zusammen Leitung benennt klar die **Arbeitsaufgaben** für das Protokoll Themen für die **nächste Sitzung** werden benannt (Protokoll) Eine **Wertschätzung** der gemeinsamen Arbeit erfolgt Klarer **Abschluss** durch Leitung

(nach einer Vorlage von Marita Brümmer)